ULLSTEIN

Das Buch

Seit seinem fünften Lebensjahr ist Abid'allah taubstumm. Durch seine Behinderung wird der Junge zum Außenseiter in seinem Beduinendorf. Er zieht sich in seine eigene Welt zurück. Das Rote Meer mit seiner einzigartigen Unterwasserwelt wird zu seiner Ersatzheimat. Hier schließt er seine erste innige Freundschaft – mit einem Delphin. Oline wird Abid'allahs täglicher Begleiter auf seinen Fischfängen. Sie verständigen sich mit ihren Körpern: Vorsichtige Bewegungen, geheimnisvolle Zeichen und kleine Zärtlichkeiten sind ihre Sprache. Doch mit der Zeit bemerkt Abid'allah, dass der Delphin auf seine unartikulierten Töne reagiert, die er unter Wasser von sich gibt. Allmählich beginnt der über Jahre stumme Junge wieder zu sprechen. Und eines Tages vernimmt er sogar die Laute seines neuen Freundes ...

Die Autorin

Pascale Noa Bercovitch lebt seit ihrer Kindheit in Frankreich und Israel. Sie ist als Journalistin und Dokumentarfilmerin für das französische und israelische Fernsehen tätig. Bei einem Zugunglück verlor sie beide Beine – nie jedoch ihren Lebensmut. Sie besuchte Abid'allah, der inzwischen zum jungen Mann herangewachsen ist, in dem Beduinendorf Mezaina am Roten Meer und schwamm mit dem Delphin Oline. Tief beeindruckt von der zärtlichen Beziehung zwischen Mensch und Tier schrieb sie die faszinierende Geschichte dieser ungewöhnlichen Heilung auf.

Pascale Noa Bercovitch

Das Lächeln des Delphins

Die Geschichte einer wunderbaren Freundschaft

Aus dem Französischen
von Claudia Steinitz

Ullstein

Ullstein Taschenbuchverlag
Der Ullstein Taschenbuchverlag ist ein Unternehmen der Econ Ullstein List Verlag GmbH & Co. KG, München
1. Auflage 2001

Titel der französischen Originalausgabe: Oline, le dauphin du miracle
(Editions Robert Laffont, Paris)
Übersetzung: Claudia Steinitz
Umschlagkonzept: Lohmüller Werbeagentur GmbH & Co. KG, Berlin
Umschlaggestaltung: Büro Jorge Schmidt, München
Titelabbildung: Itamar Grinberg
Satz: Dörlemann Satz, Lemförde
Druck und Bindearbeiten: Clausen & Bosse
Printed in Germany
ISBN 3-548-36291-5

Für meinen Freund Joe Shoham,
der in meiner Erinnerung stets
gegenwärtig ist.

Für meine Freunde Aharon und Hassida Davidi,
Sasson und Daisy Levy und Josiane Sarah Taieb,
die mir halfen, als ich sie brauchte.

Als der Göttliche Augustus noch herrschte, war ein Delphin in den Lucriner See gelangt. Er war dem Sohn eines armen Mannes aus der Gegend von Baiae besonders zugetan. Dieser pflegte ihn, wenn er nach Puteoli zur Schule ging (...) mit dem Namen Simo, Stumpfnase, zu rufen und mit Brotstückchen, die er als Wegzehrung mit sich trug, herbeizulocken. (...) Das Tier kam zu jeder Tageszeit, wenn der Knabe rief, wie verborgen und weit entfernt es sich auch aufhalten mochte, aus der Tiefe hervor, fraß ihm aus der Hand und bot ihm seinen Rücken zum Aufsitzen dar. (...) Das ging so mehrere Jahre hindurch, bis der Knabe an einer Krankheit verstarb. Der Delphin aber kam immer wieder an die gewohnte Stelle, er wirkte traurig und so wie ein Leidtragender; er starb – niemand wird es bezweifeln – aus Sehnsucht.«

Wundersame Geschichten aus der Naturkunde des Plinius

Wüste Negev, Sommer 1996

Vorsichtig fahre ich über den sandgrauen Asphalt einer Serpentinenstraße, die dem zufälligen Lauf einer Melodie zu folgen scheint. Eine Staubwolke verfolgt mich wie ein Rochen – fliegender Teppich der Meere, der die Bewegung meines Wagens diktiert, ohne dass seine Flugbahn vorherzusehen wäre.

Das Ackerland, die Bäume, die Straßen, deren Richtung man kennt, all das verschwindet. Dies ist die Wüste, ich spüre es am Wind. Sein Atem ändert sich, er trägt Vergangenheit, Vorurteile, die besten Erinnerungen mit sich davon und lässt mich mit diesem Augenblick allein.

Und auch die Geräusche, die mich jetzt umgeben, sind die Geräusche der Wüste. Es ist nicht genau zu beschreiben. Eine erfüllte Stille. Man hört darin den Atem der Erde, und manchmal klingt es in der Ferne wie ein kleines Pferdekarussell. Vielleicht hört man auch die Sterne, die hinter dem Tag wie kleine Glöckchen klingeln.

Ich halte an, um zu tanken und mir etwas zu trinken zu kaufen, eisgekühlten Kakao. Die Tankstelle ist ein Hafen. Ein Hafen auf hoher See, zu dem der Wind alle Taue und Metallringe treibt, die nun gegen die Wände und Pfähle schlagen: Die Haken klappern an den Masten wie in jedem Jachthafen der Welt, und in mir strömt der süße, vielschichtige Jubel, nirgendwo zu sein.

Man meint oft, die Wüste sei groß, erdrückend riesig, an der Grenze zum Unendlichen. Eine brennende Sonne aus Quecksilber, die das Leben mit sich nimmt, eine Zeit, die sich nur in Jahrhunderten zählen lässt.

Für mich ist die Wüste nichts von alldem.

Wenn ich in der Wüste bin, finde ich meinen Platz als Mensch wieder, denn sie besteht einzig aus dem unendlich Kleinen. Ihre Zeit lässt sich nur in Augenblicken messen. Jeder Moment ist dort anders, reich und erfüllt. Den Takt bestimmt der schwerfällige Wechsel der Dämmerungen. Der Augenblick breitet sich darin aus wie eine sanfte Flut, wie ein Benzinfleck, wie Hefeteig. Wer kann hier einen Straßenplan erstellen, eine Stunde oder eine Woche vorhersagen? Dort, in den verborgenen Stellen aller Wüsten lebt das Unvorhersehbare. Von weitem erscheinen sie vielleicht langweilig und immer gleich ... Sie sind genau das Gegenteil. Nichts ist dort wirklich berechenbar. Unser Rhythmus passt sich harmonisch dem ihren an. Man kann die Wüste nicht zwingen: Sie ist das Maß aller Dinge. Sie gibt euch ihre Energie, wenn ihr sie respektiert. Die Entfernungen misst man in Tagesmärschen oder in Schritten. Die Wüste ist menschlich.

Und ich denke an Oline: Die Freundschaft zwischen Delphinen und Menschen entspricht jener Menschlichkeit. Wegen Oline bin ich da, unterwegs nach Nuweiba Mezaina, einem Beduinendorf auf der anderen Seite der Wüste, am Ufer des Golfes von Elat.

Wegen ihr bestellte mich der Produzent Schlomo O. vergangene Woche in ein Szenecafé von Tel Aviv und erzählte, was er in diesem Dorf gesehen hatte. Schlomo kennt seit zehn Jahren einen jungen taubstummen Mann namens Abid'allah, der vor einiger Zeit Freundschaft mit Oline, einem wilden Delphin im Roten Meer, geschlossen hat. Seitdem hat Schlomo den Jungen deutlich sprechen gehört. Ich weiß, dass er ehrlich ist, und glaube ihm. Er wiederholt: »Das ist eine ganz verrückte Geschichte! Überleg dir nur mal, dieser Junge war vollkommen stumm, er trifft einen Delphin, und heute spricht er, und alle kommen angerannt, um ihm zuzuhören. Kannst du dir das vorstellen? Das ist doch verrückt!« Er spricht von einem Wunder ... Und da verstehe ich ihn nicht mehr: Der Sinai ist sicher ein magischer Ort, aber dort Wunder zu sehen, das ist noch etwas ganz anderes. Diese Geschichte beschäftigt mich. Was geschieht zwischen diesem Jungen und dem Tier, dass Schlomo so fasziniert ist?

Er überzeugte mich, die Geschichte des Delphins Oline und seines Freundes Abid'allah zu recherchieren. Er kannte meine Dokumentarfilme, vor allem aber meine Liebe zum Sinai, zu seiner Wüste und meine Leidenschaft für das Tauchen im Roten Meer. Ich habe eingewilligt.

Mein Wagen frisst die Kilometer, und ich habe das Gefühl, auf der Stelle zu treten. Ich begegne ein paar Militärjeeps – die Infanteristen mit ihren riesigen Tarnhelmen sehen aus wie Außerirdische. Wie Touristen von einem anderen Planeten besuchen sie die Dünen und die Steinböcke mit ihren langen Hörnern. Erstaunliche Geschöpfe in diesen außergewöhnlichen Bergen aus Felsen und Geistern.

Ich fahre direkt nach Süden und versinke in Erinnerungen. Mit 18 Jahren betrat ich den Sinai zum ersten Mal. Damals schon begeisterte mich sein Zauber, aber ich konnte noch nicht all seinen Reichtum erfassen. Ich dachte, ich komme in ein fremdes Land, das anders ist – weiter nichts. Die Wahrheit wurde mir erst im Laufe der Jahre bewusst, als ich die besondere Zeit dieses Ortes ihr Werk tun ließ.

Es ist ein Land der Entfernung, des Lichtes und der Zeit. Und wie bei einer Filmaufnahme geschieht nichts, solange man eins dieser drei Elemente unberücksichtigt lässt. Heute kann ich sagen, dass der Sinai fortwährend seinen eigenen Film ablaufen lässt. Glaubt nicht, dass der Eintritt frei ist, man muss lernen zu sehen und zu hören. Man muss seine Kraft an der Eingangstür zur Wüste zurücklassen, so wie man seine Schuhe vor der Moschee abstellt.

Meistens nehme ich die Straße, die das israelische Arava-Tal von Norden nach Süden durchquert, vorbei an Beer Sheva, der *Stadt der sieben Brunnen*, wo sich die einzige Universität in der Wüste befindet, an Mitzpe Ramon, der vom Wind gebauten Geisterstadt, und am großen Kibbuz Yotvata.

Nachdem ich vier Stunden auf dieser steilen, weit über dem Meeresspiegel gelegenen Straße gefahren bin, sehe ich unter mir die erste Bucht des Golfes von Elat. Dort beginnt sich das Rote Meer zu enthüllen, das auf Hebräisch Schilfmeer heißt, ein tropisches Meer im Herzen einer der trockensten Gegenden der Erde.

Wie eine Aufforderung benetzt das Meer die Strände und Hotelwände mit ein wenig Schaum. Sein berühmtes Blau verkriecht sich zwischen den kleinen Jachthäfen und den Betondämmen. Es segnet Elat, mehr ein Seebad als eine wirkliche Stadt, mit dem Widerschein der umliegenden Berge. In dasselbe Licht, purpur, rot oder rosa, ist auch die Schwester von Elat getaucht, das jordanische Akaba weiter im Osten. Dank der Friedensverträge kann heute jeder frei an der Küste entlang von der einen Stadt zur anderen gehen.

In Elat werde ich meinen langjährigen Freund Asher Gal treffen. Er ist Tauchlehrer und Bildhauer. Bis April 1982, also solange, wie die Israelis den Sinai besetzt hielten, gehörte er zu den Pionieren, die mitten in der Wüste das Land bestellten. Mit Hilfe eines Bewässerungssystems pflanzte er Melonen für den Export an. Das lief sehr gut, bis zu dem Tag, als er dem bilateralen Abkommen gehorchen musste, das den Abzug Israels aus dem Sinai vorsah. Asher und all seinen Freunden des *Moshav*, ihrer Landwirtschaftskooperative, brach es fast das Herz.

Seitdem fährt er oft nach Nuweiba Mezaina, wo er seine Beduinenfreunde trifft, die früher mit ihm auf dem Feld gearbeitet haben. Er hat den berühmten Abid'allah zur Welt kommen sehen, den Jungen, der von einem Delphin verzaubert wurde. Ich will, dass er uns bekannt macht.

Als sich die erste Wiedersehensfreude gelegt hat, fahren wir vor Einbruch der Nacht schnell an der Küste entlang, dem Sinai entgegen. Wir lassen Taba und die ägyptische Grenze mit den Zollbeamten und Marionettensoldaten in ihren zusammengestückelten, verblichenen Uniformen hinter uns. Die passen zu ihrer Federfuchserei, sind so altmodisch und leicht bedrohlich, wie alles, was den Staat verkörpert. Offizielle Stempel, persönliche Fragen, ein Lächeln für die hübschen Mädchen, die sich nicht ganz wohl in ihrer Haut fühlen. Dröhnende Stimmen und Worte ohne Widerhall, die Macht mit verrosteten Gewehren ohne Munition.

Ein endlos langer Strand begleitet uns östlich der Straße. Er schützt das Korallenriff vor dem Roten Meer. Die verschiedenartigsten Bauwerke erheben sich auf den Hügeln. Betonbögen, graue, regelmäßige Alkoven, die finsteren Wolken ähneln, wachsen am Strand. Neue Hotels, Bungalows, Ferienanlagen für Touristen aus der ganzen Welt, die immer zahlreicher kommen, um dieses kleine Stück Land voller Wunder zu entdecken.

Gelb und rot sind die Helme der Arbeiter, die vor Einbruch der Nacht im Gänsemarsch in ihre Baracken zurückkehren. Ich hatte sie mir traurig vorgestellt mit ihrem Leben zwischen der harten Arbeit in der brennenden Sonne und der Einsamkeit fern der Heimat, fern der Familie, die meist nur als gerahmtes Foto über dem Campingbett anwesend ist. Aber sie wirken heiter, das Arbeitsblau ist staubig, die Augen lächeln. Vielleicht ist es das Glück, diese Luxusbauten am Meer zu bauen, oder ganz einfach die Freude, Arbeit zu haben, in einem Land, das die Armut hat ausbluten lassen. Man grüßt sich, das ist so üblich. Als ich ihnen mit dem Blick folge, regt sich in mir ein leichtes Bedauern, und ich hoffe, dass dieser Sinai, der sich, seit ich ihn kennen gelernt habe, schon so sehr verändert hat, seine Einfachheit und seine Eigenart bewahren wird.

Zu Zeiten der Israelis war dieser Landstrich nackt und bezaubernd. Nur ein paar Hippies in Lendenschurz, Tauchfanatiker, israelische Landwirte und die Beduinen, die ursprünglichen Bewohner der Gegend, durchschritten die Gebirge und spazierten über die jungfräulichen Strände. Seit der Rückgabe an die Ägypter im Jahre 1982 bebauen ausländische Investoren die Sinai-Halbinsel und verleihen ihr den Adelsbrief eines auserlesenen Reiseziels. Aber trotz des Betons und der Touristen sind wir immer noch im Land der Beduinen.

Wir erreichen den Hafen von Nuweiba. Auf diesem Küstenvorsprung liegen die beiden streng voneinander abgegrenzten Dörfer zweier rivalisierender Beduinenstämme: Tarabine, wo es schon seit langem Touristen gibt, und das viel einsamere Mezaina im Süden, das Ziel meiner Reise.

Nuweiba ist auch bekannt, weil hier die Dampfer Halt machen, die zwischen Jordanien, Saudi-Arabien und Jemen und Djibouti am Südufer des Roten Meeres verkehren. Die Ingenieure und Hafenarbeiter sind Ägypter aus Kairo oder Nubier. Fern ihrer Heimat verbringen sie ihre Freizeit mit Backgammon, Wasserpfeifen und Fernsehsendungen auf Arabisch oder Türkisch; die schmutzigen Geräte zeigen graue, farblose Bilder. Sie sitzen in großen, offenen Cafés an kleinen Tischen zwischen den Holzkohlengrills mit Fleischspießen und riesigen Porträts von Präsident Mubarak. Man bekommt hier auch Fatir, ein köstliches Kokosgebäck aus Blätterteig. Ich kann nicht widerstehen.

Ich sitze auf einem der französischen Bistrostühle aus Holz und trinke meinen Zitronensaft, dazu spreche ich ein lautloses Gebet, das mir eine klassische Magenverstimmung ersparen soll. Die Ägypter sind unglaublich gastfreundlich, aber sie haben keine Vorstellung, wie schmutzig das Wasser ist, an das sie seit ihrer Kindheit gewöhnt sind.

Ich bin die einzige Frau, aber niemand nimmt an meiner Anwesenheit Anstoß. Im Gegenteil, alle behandeln mich mit der Aufmerksamkeit, die nur besonderen Gästen zukommt. Während meiner zahlreichen Reisen in die arabischen Länder ist mir oft ein unglaublicher Respekt der Männer gegenüber den Frauen aufgefallen, zumindest gegenüber jenen, die den grundlegenden Anstandsregeln folgen: Kleidung, die Schultern und Knie bedeckt, sowie eine Redeweise ohne Vertraulichkeit reichen meist aus.

Der ägyptische Bäcker stellt mir Fragen über meine Herkunft und den Grund meines Besuches hier am Hafen. Ich erzähle von Oline, dem Delphin, und seinen Wundern. »Nie davon gehört, ein paar Kilometer südlich von hier soll das sein, sind Sie sicher?« Sein ägyptisches Arabisch ist süß wie Honig. Natürlich kann er es nicht wissen: Die Beduinen, die seine Krapfen kaufen, erzählen ihm nichts aus ihrem Leben, und die Touristen haben sicher etwas Angst beim Anblick dieser vielen tagsüber schmutzigen, abends sauberen Männer, die sich hier bewirten lassen wie eine imaginäre Armee während der Rast. »Aber ich habe eine andere Geschichte gehört.« Und er beginnt seinen Bericht:

»Die Ägypter erzählen sie in Nuweiba. Es war nicht im letzten Jahr, sondern im Jahr davor. Pilger aus Hadj waren von Port-Sudan nach Mekka unterwegs, auf einem der großen Fährschiffe, die hier Halt machen, die kennen Sie doch, oder?« Er meint die Dampfer, die das Rote Meer von einem Ufer zum anderen durchkreuzen, um die Gläubigen zur jährlichen Pilgerfahrt nach Saudi-Arabien zu bringen. »So ein Boot ist auf dem offenen Meer vor Port-Sudan gekentert, mehrere Kilometer von der Küste entfernt. Es dämmerte, und man erzählt, dass alles ganz schnell ging. Hinter Sha'am Rumi ist das Wasser mehr als tausend Meter tief. Die Leute schrien. Einige waren schon am Ertrinken, als sie merkten, dass sie von den Wellen zu den Felsen getragen wurden ... Du kommst nicht drauf, was geschehen war!« Neben uns dampfen die in Öl gebackenen Fladen. Ich hänge an seinen schmalen Lippen und dränge ihn fortzufahren: *»Yallah, emshi!«* Er hört einen Moment auf, seinen Teig zu kneten, und sieht mir in die Augen: »Delphine, hunderte, so groß!« Er malt Kreise in die klebrige Luft und macht sich wieder an die Arbeit. »Delphine haben die Ertrinkenden getragen und sie gerettet. *Allah Akbar!* So ein Wunder hat man noch nie erlebt. Sie wären alle umgekommen, wenn Allah nicht seine Geschöpfe gesandt hätte.«

Meine erste Delphingeschichte vom Roten Meer. Die Beduinen von Mezaina und viele andere werden sie später bestätigen. Schon immer gab es hier viele Delphine, und niemand hat sie je gejagt. Sie werden von allen Völkern, die an diesen Ufern leben, respektiert oder ignoriert: von den zahlreichen Beduinenstämmen, den Israelis und den Jordaniern im Norden und von den Ägyptern, den Saudis, den Sudanesen und den Jemeniten im Süden.

Das ist mein erster Aufenthalt in Nuweiba Mezaina. Hier gibt sich die Wüste sanft dem Meer hin, taucht weich hinein. Die Berge sinken hinab wie ein Kamel, das sich zum Schlafen legt, breiten sich träge aus und werden zum Strand, der sich in die Fluten wirft. Das Rote Meer bildet den syro-afrikanischen Graben, es ist Ausdruck einer geologischen Gewalt, die von der Zeit besänftigt wird.

Ich kannte dieses Gebiet nicht, das dem Stamm der Mezaini gehört. Es liegt etwas abseits, und der verhältnismäßig hässliche Strand lockte bis vor kurzem niemanden an. Asher zeigt mir die Schotterstraße, die bis ans Ufer führt. Um uns herum herrscht ein wildes Durcheinander von Beduinenzelten, Betonhäusern mit Innenhöfen und weidenden Eseln, daneben breiten sich große, leere Sandflächen aus, auf denen nicht einmal ein Strauch wächst. Gemalte Schilder über kleinen Geschäften werben für Coca-Cola und alkoholfreies Bier. Neben ihren arabischen Aufschriften ist oft ein fröhlicher Delphin abgebildet.

Das Dorf zieht sich an der Küste entlang. Vor ihm liegt das Rote Meer, im Rücken hat es die heiligen Berge des Sinai. Zum Wasser hin fällt der Wüstenboden leicht ab, das Dorf badet im Licht des Paradieses. Offenbar wird es gerade gewaltig erweitert – die meisten Betonwände sind brandneu. Stoische Dromedare halten Wache, dickbäuchige Ziegen springen am Wegrand herum. Dutzende von Kindern, deren Gesichter bereits von der glühenden Sonne gegerbt sind, rennen in bunten Kleidern barfuß oder mit durchlöcherten Sandalen umher. Sie zeigen den Besuchern ihre Spiele und ihr strahlendes Lachen. Die ehrwürdigen Männer in ihrer Galabya, einem weiten Gewand aus feiner, makelloser Baumwolle, grüßen uns mit einer unbefangenen Handbewegung, ebenso wie die Frauen mit ihrem geschmeidigen Schritt, die oft ein Tablett, ein Bündel Holz oder einen Ballen Wäsche auf dem

Kopf balancieren. Die vertrauten, ineinander vermischten Gerüche von Glut, Gischt und Sand empfinde ich wie einen weiteren Willkommensgruß. Ich bin glücklich, und schon erfüllt mich wieder der Reichtum dieses Eckchens Erde, das mich noch nie enttäuscht hat.

Wir kommen an handgemalten Hinweisschildern vorbei: DELPHINSTRAND – ABID'ALLAH – WILLKOMMEN! Ich dachte, wir würden dort wohnen, aber Asher will, dass wir uns direkt nebenan niederlassen, bei Muhamad *el-atrach*, Muhamad dem Gehörlosen, Abid'allahs bestem Freund. Asher erklärt es mir: »Muhamads Gastfreundschaft ist unvergleichlich, und bei Abid'allah ist es immer überfüllt. Außerdem hat Muhamad genug Geduld, um uns die alten Geschichten zu erzählen, was man von Abid'allah nicht immer behaupten kann!«

Am Eingang des »Parkplatzes« sitzen alte Männer im Schatten. Sie wollen wissen, ob ich über Nacht bleibe, wegen des Preises. Ich sage aus dem Fenster des Autos heraus: »Ich bleibe ein paar Tage. *Inch'allah.*« Dann sehen sie Asher und stehen auf. Sie umarmen sich lange: »*Asher! Asher! Ahlan ou sahlan alikoum!* Seid beide willkommen!« Man sieht, wie sehr sie sich freuen, einander wiederzusehen.

Ich steige auch aus, umringt von einer Schar lachender kleiner Burschen. Sie drängen sich aneinander und sind überrascht und beeindruckt von den Sachen, die ich aus meinem Auto hervorhole: meinen Rollstuhl und die Rucksäcke, die ich daran befestige. Seit dem 13. Dezember 1984 ist dieser Rollstuhl stets bei mir. Es war in Frankreich, ich war 17 Jahre alt und bereitete mich gerade aufs Abitur vor. In diesem Winter gab es den Kälterekord des Jahrzehnts. Auf dem Weg zur Schule glitt ich mit dem Fahrrad auf einer vereisten Pfütze aus, wurde vom Luftstrom eines Zuges erfasst und unter den vorletzten Waggon gezogen. Der Alarm brachte den Zug erst fünfzig Meter weiter zum Stehen. Ich lag zwischen den Gleisen und hatte keine Beine mehr: Sie waren von den Oberschenkeln bis hinunter zu den Füßen zerquetscht. Meine Größe von 1,65 Meter war durch die Gewalt eines Zuges auf genau einen Meter verringert worden: Ich bin jetzt genauso groß wie der Abstand zwischen zwei Gleisen. Französische Norm. Heute bewege ich mich also im Rollstuhl fort, er wiegt acht Kilo, ich 41, und zusammen haben wir ein ganz ordentliches Gewicht. Seit meinem Unfall sehe ich die Welt aus der Perspektive eines zehnjährigen Kindes. Das verschafft mir zuweilen einen recht außergewöhnlichen Blick auf unseren Planeten, außerdem kennen mich viele Kinder in allen Ländern, die ich besucht habe.

Ich komme mit meinem Lächeln als Begrüßung. Asher stellt mich unseren Gastgebern vor, er spricht sehr deutlich und mit vielen Gesten. Muhamad nickt, ohne mich direkt anzusehen, und weist einladend auf seine Teppiche, die auf den feuchten Kieseln des Strandes ausgebreitet sind. Alle setzen sich. Ich kenne dieses Ritual des Sinai gut. Worte sind unnötig. Der Blick und die Haltung bestimmen den ersten Kontakt, die erste Stimmung, den ersten Austausch. Die Kultur zeigt sich vor allem in der Stille.

Nach langen stillen Minuten, so schwer wie der Kaffeesatz, der sich am Grund der Tassen bewegt, nickt Muhamad leicht mit dem Kopf und sieht mich an. Das ist das

Zeichen für den Beginn der gegenseitigen Vorstellung. Ein erstes Lächeln. Mein erster Gedanke: Er ist wirklich drollig, ganz schüchtern und gleichzeitig so stolz. Ernsthafte Leute finde ich immer lustig, das ist wohl die Anziehung der Gegensätze.

Er zeigt auf seine Lippen und seine Ohren, bedeutet mir: »Außer Betrieb.« Ich lächle, ich weiß, dass er nicht hören kann, Asher hat es mir gesagt. Allah hat ihn so geschaffen, wie jedes siebente Kind, das im Stamm der Mezaini zur Welt kommt. So ist es eben: »Allah gibt, und Allah nimmt«, sagen die Beduinen. Später, wenn ich sie näher kennen gelernt haben werde, werde ich dafür beten, dass Er ihnen niemals die Lebensfreude und die Großzügigkeit nimmt: den Suleiman, den Atwa und den anderen Familien von Mezaina.

Ich zeige Muhamad meine Hände, um ihm klar zu machen: »Wir werden mit Zeichen sprechen, das geht sehr gut.« Er scheint zufrieden mit meiner Einstellung und steht auf. Als erste Lektion in der örtlichen Zeichensprache fragt er mich mit großen Gesten: »Kaffee oder Tee?«

Er vereinfacht die Zeichensprache für die Ausländer, sie wird zu einem universellen Esperanto von Gesten. »Zucker? Wieviel?« Ich improvisiere und frage die Anwesenden auf Arabisch nach ein paar Grundzeichen, mit denen ich ein Gespräch mit diesem zurückhaltenden jungen Mann beginnen kann.

Hinter dem Kiesstreifen, der hier als Strand dient, hinter der Gischt und ein paar Metern Meer erkenne ich das Ende des Riffs, denn das Wasser ist dort klarer und zeichnet milchige Schleifen. Plötzlich erstarrt mein Blick, ich bin wie geblendet. Es ist also wahr. Sie ist da. Oline zeigt die Rückenflosse und zuweilen eine neugierige Nasenspitze.

Als hätte er meine Gedanken gelesen, erklärt mir mein Nachbar, ein sehr zarter junger Mann, dessen linkes Auge halb geschlossen ist, mit Zeichen: »Sie ist immer da!« Später erfahre ich, dass er Jouma heißt, er ist der andere Freund aus Abid'allahs Kindheit. Mann nennt ihn den tauben Einäugigen, um ihn von den anderen zu unterscheiden, aber diese Bezeichnung hasst er. Er will lieber, dass man ihn bei seinem Familiennamen nennt, das Zeichen dafür ist die rechte Faust auf der Stirn.

Er lächelt mich lustig an. »Kannst du schwimmen?« Fassungslos strecke ich den Hals vor: »Natürlich kann ich schwimmen!« Empört über diese Frage füge ich dummerweise hinzu: »Ich war in der Schwimmnationalmannschaft Israels und habe sogar ab und zu gewonnen!« Na gut, ich gebe etwas an, aber es stimmt, und außerdem ist er jetzt beruhigt. Um es ihm zu beweisen, mache ich die Bewegungen von Kraul, Brust, Schmetterling und Tauchen. Jouma hat mich nicht verstanden und holt einen Jungen, der hören und auch gut Hebräisch kann. Er übersetzt meine Worte rasch in Zeichensprache. Ich bin verblüfft und frage ihn vor Jouma, der zuzuhören scheint: »Sprecht ihr alle die Zeichensprache?«

»Natürlich!« antwortet er belustigt. »Für uns ist es wie Arabisch, wir lernen sie, wenn wir ganz klein sind.«

Ich bin sehr erstaunt über diesen so einfachen und anrührenden Ort. Was man hier alles lernen kann! Und es ist nur die erste Lektion.

Zahlreiche Schriftsteller haben mythische oder wirkliche Welten beschrieben, in denen ein ganzes Volk eine körperliche Eigenart hat, die es von den anderen unterscheidet und ihm erlaubt, besondere Fähigkeiten zu entwickeln. Keiner, glaube ich, besaß die Kühnheit, sich ein Land vorzustellen, in dem Menschen, die unterschiedlich geboren wurden, einander auf die gleiche Weise verstehen und zusammenleben. Aber diese Wirklichkeit gibt es: Alle Mitglieder des Stammes der Mezaini, Hörende und Taube, Frauen und Männer, kleine Kinder und Alte verständigen sich mit Gesten, sie sprechen alle ihre Zeichensprache. Ich sage bewusst *ihre* Sprache, denn auch, wenn man eine westliche Zeichensprache beherrscht, ist es anfänglich sehr schwer zu verstehen, was sie sagen. Es ist ein ganz eigener Dialekt, der aus den Gesten besteht, die man gewöhnlich im Nahen Osten verwendet – wo man oft mit den Händen spricht –, und aus Zeichen, die sich im Laufe der Jahre herausgebildet haben und die unter anderem das arabische Alphabet darstellen. Ihre Sprache entwickelt sich jeden Tag weiter: Sie haben gerade ein Zeichen für jede europäische Nationalität entwickelt.

Inzwischen hat Jouma kleine bunte Kissen aneinander gereiht, eins hinter das andere, von meinem Platz bis hinunter ans Wasser. Ich sitze auf Muhamads Teppichen, die sorgfältig gegeneinander versetzt angeordnet sind. Diesmal fehlen mir die Worte. Ich bin mir nicht ganz sicher, ob ich richtig verstanden habe, aber doch … Jouma spricht mit abgehackten Zeichen zu mir: »Dein Rollstuhl fährt nicht auf dem Sand. Wenn du mit Oline schwimmen willst, springst du von Kissen zu Kissen und tust dir auf dem Kies nicht weh.« Ich habe Tränen in den Augen. Er ist so aufmerksam … die anderen rühren sich nicht.

»Das ist normal«, flüstert mein junger Übersetzer angesichts meiner Verlegenheit.

Nach dem Kaffee begebe ich mich also über meinen »roten Teppich« – er ist weniger rot als ich – bis ans Wasser. Oline scheint unsere übertriebenen Höflichkeiten vom Ende des gepolsterten Weges aus zu beobachten. In Badeanzug, mit Taucherbrille und Schnorchel, wenige Meter von den Männern entfernt, die von Kopf bis Fuß in ihre Galabya gehüllt sind, tauche ich langsam in das wunderbare Wasser des Roten Meeres. Ich bin etwas verlegen über meinen Aufzug, wo ich doch bei ihnen zu Gast bin, in diesem Land des traditionellen Islam. Aber die Beduinen des Sinai verstehen sehr gut, dass es für das abendländische Empfinden normal ist, dass Frauen ebenso wie die Männer in Badekleidung schwimmen. Warum auch nicht? Ihre Sicht auf unsere Sitten ist großzügig und verständnisvoll.

Das Rote Meer ist kein Meer, wie man es in Europa kennt, weder wie der Atlantik noch wie das Mittelmeer. Es ist nicht das Meer, es ist ein Zuhause. Es ist warm, fast ohne Wellen. Ein Augenblick nur unter der Oberfläche bringt mich schon in eine andere Welt hinab, in jene Tiefen, die ich so sehr liebe. Der Meeresboden in der Bucht von Mezaina ist arm im Vergleich zu anderen Riffs: Nur ein paar Korallen und wenige Algen wachsen dort. Die Ablagerungen von Sedimentgestein aus dem Fluss, die bei den seltenen Regenfällen ins Meer strömen, scheinen die Entwicklung der empfindlichen Flora zu behindern, die sich an allen anderen Orten entlang dieser Traumküste so wunderschön entfaltet.

Wieder einmal erwachen all die Empfindungen, die meine Träume erfüllen, wenn ich fern von diesem tropischen Meer bin, eingeschlossen im grauen Paris oder im hektischen Jerusalem. Und da ist Oline: Ich sehe sie noch nicht, aber ich höre sie. Sie ist irgendwo außerhalb meines Gesichtsfeldes, umkreist mich und erforscht mich mit ihrem Sonar. Ich höre dieses seltsame Geräusch, das dem einer Dechiffriermaschine gleicht. Ein leises Klicken mit wechselnder Frequenz, das den ganzen Meeresraum um mich herum einnimmt. Ich verstehe es als Willkommenszeichen, schwimme langsam, drehe mich um.

Sie erscheint. Majestätisch. Sogleich erkenne ich mit aller Deutlichkeit, woran ich bisher noch nicht gedacht hatte: Sie ist wahrhaft die Herrin an diesem Strand und in allen Tiefen der Umgebung. Sie beeindruckt mich. Sie ist gewaltig: Ein Delphin ist ganz gewiss kein Haustier. So banal es auch klingen mag, ihr ungezähmtes Wesen springt mir regelrecht ins Auge. Sie braucht diesen Raum, erfüllt ihn mit ihrer Erhabenheit. Oline ist länger als 2,10 Meter, sie wiegt bestimmt 200 Kilo. Sie bewegt sich durch das Meer, als sei für sie die Schwerkraft aufgehoben, sie gleitet, ohne sich zu bewegen, wie durch eine uns unbekannte übersinnliche Kraft. Dann beschleunigt sie mit einer scharfen, fast brutalen Bewegung und verschwindet in dem unendlichen, nahezu schwarzen Blau.

Wenig später kommt sie zurück und bleibt, drei, vier Meter von mir entfernt. Sie scannt mich erneut mit ihrem inneren Radargerät. Es ist ein Echolot, mit dem sie Gegenstände oder Personen wahrnehmen und sich von ihnen ein Bild machen kann, ohne sie zu sehen: Sie weiß jetzt schon besser als ich selbst, woraus ich bestehe. Sie wartet auf meine Reaktion. Ich bleibe passiv und schwimme langsam, ich habe die Hände im Rücken gekreuzt, um meinen Respekt zu bekunden: Ich bin bei ihr zu Gast, dass ich ein Mensch bin, gibt mir keinerlei Recht über sie.

Delphine sind besonders empfänglich für Körpersprache, das erfährt man aus den Lehrbüchern, die ich vor meiner Reise gelesen habe. Ich versuche, mich entsprechend zu verhalten. Oline kommt trotzdem nicht näher, sie umkreist mich in unterschiedlichen Tiefen. Sie scheint mich auszumessen. Ich rufe sie unter dem Wasser durch meinen Schnorchel, immer wieder »Oline, Oline …«, wie ein Mantra.

Nun nähert sie sich bei jeder Runde unmerklich, bald ist sie etwa eineinhalb Meter entfernt, und dort bleibt sie. Da ich mich nicht bewege, kühlt das Wasser dieses Morgens meinen Körper aus. Ich beschließe, zu meinen beduinischen Gastgebern zurückzukehren, in den Schatten der Palmen, die das Vordach der Hütte bilden. Deshalb wende ich mich mit einer deutlichen Bewegung zum Strand. Oline folgt mir. Sie streift mich sanft und berührt mit ihrem geschmeidigen Körper meine rechte Seite. Dann schwimmt sie davon. Ich antworte in Gedanken: »Salut, meine Freundin.«

Muhamad erwartet mich. Er hockt auf den Fersen inmitten der Kieselsteine. Zwei Flaschen Süßwasser stehen vor seinen Füßen, ein Handtuch liegt über seinem Arm. Als ich ans Ufer komme, gießt er mir warmes Wasser über Kopf und Körper. Herrlich! Klares, fließendes Wasser, es erwärmt mich und spült die ganze Härte des Meersalzes hinweg. Ich trockne mich ab und ziehe mich an für den weichen Rückweg über die farbigen Kissen. Dann throne ich auf meinem Teppich wie ein stolzer Frosch auf seiner Seerose und erkunde die Blicke, die mich umgeben. Sie sind weder flüchtig noch mitleidig oder entsetzt, nicht einmal neugierig, was bei diesem Schauspiel natürlich wäre. Ich glaube, sie sehen mich so, wie ich mich selbst 13 Jahre nach dem Unfall sehe. Woher nehmen sie diese Kraft? Alle erwarten mich ungeduldig: »Nun, wie war es mit Oline?« Sie haben unsere Begegnung vom Strand aus verfolgt. Auch Olines Abschiedsgruß ist ihnen nicht entgangen. Ich erzähle. Saleh erklärt mir auf Hebräisch: »Wir dachten, sie würde deine Behinderung bemerken und deswegen näher an dich herankommen als an jemanden anders, den sie nicht kennt.« Ich überlege laut: »Das glaube ich nicht. Sie hat festgestellt, wie klein ich bin, aber ich schwimme wie alle anderen, ich glaube, ich habe nichts Besonderes für sie.« Stille macht sich breit. Oline nimmt mich mehr und mehr in Besitz. Ich werde heute abend wieder mit ihr schwimmen.

Kleine Mädchen bieten ihr hübsches Lächeln und ihre geschickt aus bunten Baumwollfäden geflochtenen Armbänder für drei ägyptische Pfund, etwa zwei Mark, an. Nachbarn, die vorbeikommen, ausnahmslos Männer, setzen sich neben mich, um an den neuen Gesprächen teilzunehmen. Jeder ergreift das Wort, wenn es ihm passt, und verlässt die Runde wieder, wie er gekommen ist. So verbreiten sich die Informationen in Mezaina. Clintons Geständnisse, Arafats Krankheit und der Ruhm des Marseiller Fußballers Zidane sind bis hierher gelangt.

Man fragt mich sogar, ob Zinedine Zidane nicht zufällig auch Araber ist, wenn nicht gar Berber, ob es nicht also rechtens wäre, ihn voller Stolz in die Lobgesänge auf die einheimischen Helden aufzunehmen. Ich weiß, dass die Nachrichten, nach dem Geschmack jedes Einzelnen ausgewählt, durch das Dorf fließen. Aber niemand fragt mich, wer ich bin. Sie sehen natürlich, dass ich aus Tel Aviv komme, denn sie erkennen mein Autokennzeichen, hören meinen Akzent, wenn ich Arabisch spreche. Ich bin ein typischer orientalischer Rotschopf. Vor allem jedoch kennen sie alle Asher schon seit langer Zeit … meine Freundschaft zu ihm ist ein wunderbarer Passierschein.

Aber die ersten persönlichen Fragen, die einzigen, die nicht lange auf sich warten lassen, sind: »Bist du verheiratet? Hast du Kinder?« Das ist entscheidend, um meinen Status bei den Beduinen festzulegen. Da ich keine Lust habe, meine europäischen Anschauungen über Lebensgemeinschaften darzulegen, antworte ich wie immer, wenn ich reise, ich lüge: »Ja, verheiratet, noch nicht lange. *Inch'allah*, wir werden Kinder haben …« Sie bewundern meinen Mut, als Frau allein so weit zu reisen. Der Himmel ist wunderbar, und das Meer funkelt in abgestuften Blautönen wie ein Juwel in seiner Schatulle aus Riff, Sand und glänzenden Steinen. Ich ziehe demonstrativ ein kleines Heft und einen Stift aus der Tasche.

Seit mehreren Tagen warte ich am Strand auf Abid'allah. In der Zwischenzeit höre ich mir die Geschichten der Leute an, atme die erfüllte Luft dieses magischen Ortes, versuche zu verstehen, was ihn dazu macht. Als Abid'allah endlich im Dorf eintrifft, rennt der kleine Ramadan zu mir, um mir Bescheid zu sagen: »Er ist mit Oline schwimmen gegangen. Sobald er rauskommt, bringe ich ihn zu dir!« Die Intuition und Zuvorkommenheit der Beduinen gegenüber ihren Gästen sind sprichwörtlich, aber manchmal überraschen sie dennoch. Vor allem, wenn sie von einem kaum zehnjährigen Steppke kommen.

Ich erkenne Abid'allah schon von weitem. Er ist von Kopf bis Fuß nass und mit einer Salzschicht überzogen. Sein Lächeln entblößt vollkommene Zähne und strahlt wie ein Heiligenschein. Wirklich ein hübscher Bursche. Ich begrüße ihn mit den ortsüblichen Zeichen. Er ist sehr überrascht, lächelt noch schöner, stürzt mir entgegen und umarmt mich, als würden wir uns schon ewig kennen.

In einem kehligen, aber gut verständlichen Hebräisch fragt er mich: »Na, meine *Nichma*? Was gibt's Neues?« Ich lache laut los. Auch mir kommt es vor, als würde ich ihn bereits kennen. Wenn er wüsste, dass ich versucht habe, alles zu lesen und zu hören, was über ihn zu erfahren war, das Falsche und das Wahre … Ich glaube, er hat sofort gespürt, dass ich schon einiges über ihn weiß. Er war geschmeichelt oder hat sich darüber amüsiert, als hätte er in wenigen Sekunden alle meine Absichten durchschaut, ohne Dolmetscher und ohne Wörterbuch. Von der ersten Minute unserer Begegnung an hat er mich als Freundin angenommen.

Er lacht immer noch. »Ich bin weit mit Oline geschwommen, um ganz ruhig zu werden. Wir hatten uns seit mehreren Tagen nicht gesehen, sie und ich! Wir sind lange getaucht, wir haben unter Wasser eine Seegurke gefunden und damit Ball gespielt.« Ich möchte wissen, ob er mich neckt oder einfach seine alltägliche Wahrheit erzählt. »Sie spielt wahnsinnig gern«, bestätigt Muhamad. Abid'allah schneidet ihm gebieterisch das Wort ab: »Na, gehst du morgen mit mir schwimmen?« Ich stimme zu, ohne auch nur eine Sekunde zu zögern. Ich will sie zusammen im Wasser sehen, will diese ungewöhnliche Beziehung begreifen. Worin besteht sie überhaupt? Ich richte die Frage an Abid'allah. Er krümmt sich vor Lachen. Ich glaube, er lacht aus Zufriedenheit und Stolz, dass ich seinen Schatz anerkenne: »Sie liebt mich, und ich liebe sie!« Fragen sind nicht seine Sache, das hatte ich schon geahnt.

Der Mond rollt das Gebirge herab und erstarrt über einem Gipfel, versteinert vom Geist der Wüste. Er lauscht mit mir auf ihre Stille, die an das Geräusch des unendlichen Raumes, des Universums erinnert. Ich fühle mich in dieser Wüste wie mit einem interstellaren Satelliten verbunden, von Sternen bedeckt, die so nah sind, dass ich sie berühren kann, und von der Milchstraße behütet, die meine Haare streichelt, als wollte sie sie zählen, um mit mir zusammen einzuschlafen. Ich bezwinge die Nacht, da bin ich mir ganz sicher, und versinke im Schlaf.

Abid'allah weckt mich sanft. Er fragt mich mit Worten und Zeichen: »Gehen wir mit Oline schwimmen?« Ich nicke und ziehe im Schlafsack fast automatisch meinen Badeanzug an. Es ist bereits warm, die noch schüchterne Sonne filtert den Morgen und breitet den durchsichtigen Nebel aus. Verstreutes Diamantenfunkeln blendet mich.

Der ganze Strand schläft noch, ich liebe dieses Gefühl

von vollkommener Reinheit. Nur die kleinen Vögel mit den langen Schnäbeln beginnen auf den Palmen zu zwitschern, nur das Verdunsten des Morgentaus gibt einem an diesem noch in nächtlicher Reglosigkeit verharrenden Ort die Gewißheit des Erwachens.

Abid'allah wendet das Gesicht der Sonne zu, Wellen und Gischt liebkosen seine Füße. Im Gegenlicht sieht seine Gestalt riesig und wie von Gold gesäumt aus. Wir tauchen gemeinsam in das warme Wasser und schwimmen langsam dem Horizont entgegen. Ich bin geblendet und noch nicht ganz wach, deshalb bemerke ich Oline hinter uns nicht. Sie folgt uns im Abstand von wenigen Zentimetern! Abid'allah weiß, dass sie von Anfang an da ist. Sie schiebt sich zwischen uns und streift Abid'allah. Ich streichle ihre glatte Seite, ihre warme, sanfte Kautschukhaut.

Ich murmele unter Wasser: »Oline, Oline.« Sie kommt etwas näher an mich heran, ich streiche mit den Fingerspitzen über ihre Flosse, das mögen Delphine. Wir lernen uns kennen, ich will sie nicht bestürmen, nur um sie zu berühren, und als sie sich entfernt, bewege ich mich nicht. Mit weit geöffneten Augen blicke ich sie an. Sie hat mich von jeglicher Schläfrigkeit befreit. Ihre Anwesenheit hat eine unendliche Kraft.

Und dann stellt sie sich mit einer Schwanzbewegung senkrecht vor Abid'allah, um sich den Hals kraulen zu lassen! Das Maul über dem Wasser, ganz gerade. Wie kann sie in dieser Position verharren, ohne sich zu bewegen? Abid'allah paddelt mit den Füßen, um auf der Stelle zu bleiben, und krault sie, er schreit ihren Namen und lacht sehr laut. Welches Glück! Ihre Beziehung ist so fröhlich, dass auch ich lachen muss. Abid'allah sieht mich an, begeistert von unserem Einverständnis.

Plötzlich, wie auf ein unhörbares Signal hin, schwimmen sie beide rasch davon, fast Bauch an Bauch, einer neben dem anderen. Ihre beiden Körper ziehen Spiralen, kreuzen sich, bewegen sich aufeinander zu und entfernen sich wieder voneinander. Ein unglaubliches Unterwasserballett! Sie bilden gemeinsam ein großes Auge, das sich sanft öffnet und schließt. Ich folge ihnen in einigen Metern Entfernung und beobachte sie voller Staunen: Das Meer gehört ihnen.

Mit Abid'allah schwimmt Oline weit hinaus, während sie allein oft in dem Bereich bleibt, den sie sich in der Lagune ausgesucht hat. Ihre Beziehung ist innig und zärtlich. Sie scheinen sich vollkommen zu verstehen, Körper an Körper, wie zwei lang miteinander vertraute Liebende.

Abid'allah streicht kräftig über Olines Rücken, während sie den Kopf an seine Schulter legt. Als wären es Hände, berührt sie mit ihren Flossen seine Arme und Hüften und streckt ihm das Maul zu einem Kuss entgegen. Ich bin gerührt, es ist mir fast peinlich, dort zu sein, als Zuschauerin einer so intimen Szene. Ihre Körper beschreiben einen Bogen, fast könnte ich sie verwechseln, der Körper des Delphins wird menschlich, Abid'allah wird zu einem Meeressäuger. Ich denke an die antiken Darstellungen von Eros und Aphrodite, den Göttern der Liebe, die auf einem Delphin durch die Fluten reiten.

Sie schwimmen davon, und ich beschließe, sie nicht zu begleiten. Abid'allah winkt mir zu, ich solle ihnen folgen, aber ich habe keine Lust. Diese beiden lieben sich, und ich kehre mit der sehr klaren Aussicht auf einen kleinen, starken arabischen Kaffee ins Trockene zurück. Er ist fertig. Das ist Glück.

Ich habe Abid'allah einen ganzen Tag und eine ganze Nacht lang vergessen und mir die Zeit genommen, all das, was ich gehört habe, auf mich einwirken zu lassen, um seine Geschichte bis in die Tiefe zu verstehen. Jeden Tag lerne ich in Mezaina andere Formen der Kommunikation zwischen den Menschen kennen, in allen Sprachen, ich lerne vor allem, dass die Freundschaft selbst eine Sprache ist, in der die Form jede Bedeutung verliert.

Jedesmal, wenn ich schwimmen gehe, wird meine Beziehung zu Oline etwas enger. Nach und nach entdecken wir einander. Der Dialog unserer Körper ist ein Stammeln verglichen mit der Vertrautheit zwischen dem Delphin und meinen Freunden Abid'allah, Jouma und Muhamad. Oline hat vor allem gehörlose Freunde – vielleicht schafft deren Vertrautheit mit der Zeichen- und Körpersprache eine größere Nähe? Aber auch ein paar Kinder des Stammes haben einen so engen Kontakt zu ihr, wie ich ihn niemals finden werde. Vielleicht müsste ich hier leben, um das zu erreichen.

Ich stelle mir Fragen über das Verhältnis von Delphinen untereinander. Ich möchte wissen, ob die Verbindung zwischen Oline und Abid'allah einer Beziehung gleicht, wie sie sie mit einem anderen Delphin haben könnte. Eine andere Welt eröffnet sich mir, eine Welt mit Tausenden von Fragen und einer neuen Leidenschaft. Die Freundschaften an diesem Golf haben mich endgültig in ihren Netzen gefangen.

Als Abid'allah während der Woche wieder zum Fischen gefahren ist, sitzen wir am Abend bei Kerzenschein mit Muhamad zusammen und reden. Der Tee zieht in der mit Arabesken verzierten Kanne. Ahmed Suleiman, ein Cousin von Abid'allah, setzt sich zu uns auf die Teppiche: »Kennst du die Geschichte, als Abid'allah noch ein kleiner Junge war?«, fragt er mich mit Zeichen. »Seit der Zeit des Propheten sind seine Familie, die Mekhassen, und meine befreundet ...« Ein paar Anekdoten über seine Kindheit, die nicht immer zueinander passten, hatte ich schon gehört. Ich bedeute ihm: »Erzähl!«

Der große Mann, dessen Gesicht von morgens bis abends von einem strahlenden Lächeln erhellt wird, blickt mich entschuldigend an: »Ich war jung ... Ich hatte noch nicht alle meine Kinder ... Es ist zwanzig Jahre her, glaube ich ...« Er sieht seinen jüngeren Bruder Darwish an, der seine Worte mit energischem Kopfnicken bestätigt: Er scheint den strahlenden Gesichtsausdruck des älteren Bruders nachzuahmen, während seine beiden Jüngsten auf seinem Schoß schlafen.

Ich hole mein schon etwas zerknittertes Heft und den Stift heraus und lege beides unübersehbar vor mich hin.

Strand von Nuweiba Mezaina, Winter 1979

Die eng mit der arabischen Wüste verbundenen Berge des Sinai, die die Meeresströme tätowiert und die Jahrhunderte zerfurcht haben, schützen das Rote Meer wie die Schale einer Auster ihre teure Perle. Wegen der 61000 Quadratkilometer Felsen gelangt der schreckliche arabische Wüstenwind Khamsin nicht bis hierher. Er bleibt dort bei den Beduinen, die ihn nur zu gut kennen und voller Verständnis ertragen wie einen alten Mann, der ewig die gleichen Geschichten erzählt. Das Meer hier ist sehr tief – bis zu 1700 Meter –, und der Boden ist von tropischen Riffs bedeckt, die zu den unglaublichsten der Welt gehören. Der Gegensatz zwischen dem Azurblau und den Weiten der umliegenden Wüste macht diesen Ort gleichzeitig fremd und unwiderstehlich. Allah hat ihn so wunderbar erschaffen, indem er die Extreme harmonisch miteinander verband.

Heute Abend kräuseln die schwarzen Finger des Gewitters Wellen von dickem, indigoblauem Öl. Der Wind treibt die Klagen des Meeres zum Festland. Es strandet mit seinem Salz und stampft auf die großen Steine von Nuweiba Mezaina. Unerschütterlich wagen sich die rötlichen Felsen bis dorthin, verschmelzen mit ihm, um es zu segnen und ihm seinen Namen zu geben: Rotes Meer.

Unter dem Zelt der Mekhassen kauert der kleine Abid'allah in einem großen Burnus aus Kamelhaar und erlebt seine Regentaufe. Sein Lächeln ist verschwunden: Er hat Angst vor dem Unwetter. Seine Haut ist wie Honig, seine Augen sind wie Honig, aber er runzelt die Stirn. Er entschließt sich zu weinen.

Der große Cousin Ahmed Suleiman kommt mit offenen Armen und offenem Lächeln. Wortlos nimmt er den Jungen hoch und wiegt ihn im Gehen. Das Zelt, sechs Bahnen aus Ziegenwolle, jede länger als zehn Meter, wird von Hanfstricken am Boden gehalten. Es lässt den ersten Regen des Jahres wie ein leichtes Nieseln eindringen.

Zehn Minuten als Ehrerweisung an das rettende Wasser, dann hat sich die Wolle vollgesaugt und schützt stolz die Menschen für den Rest der Regenzeit.

Das Leuchten in Ahmeds Blick spiegelt sich in den Augen von Abid'allah. Er beginnt ebenfalls zu lachen. Ahmed stellt den Kleinen auf seine Knie und macht mit den schmalen Fingern geübte Zeichen: Er erklärt das Gewitter. Ohne ein Wort zeichnet er Kreise, bläst seine Wangen auf und weitet die Augen mit dem Erstaunen, das der Mensch angesichts der Gewalt der Natur empfindet. Heute bläst nicht der gewohnte Nordwind, sondern der Wind aus dem Westen, der die Wolken bringt. Zwei Monate ist jetzt Winter, und der seltene Regen ist *Wa'abel*: Sintflut und Überschwemmung. Dennoch beten die Beduinen dafür, ihn zu sehen, ihn zu hören. Sie sind Nomaden, sie ziehen mit ihrer Familie und den wenigen Habseligkeiten, die den Hausrat der Ehefrau bilden, je nach Jahreszeit von Brunnen zu Brunnen, von Oase zu Oase. Das Süßwasser bedeutet Leben, im Sinai wie in allen Wüsten der Welt, und die Brunnen sind die Augen der Beduinen.

Das Wasser, das sich auf dem Zelt angesammelt hat, spielt mit einem kleinen Stein, der auf dem Dach liegt, überspült ihn, dann fällt es herab, fließt in einem Strahl zu einem Becken und bildet an einer Ecke des Zeltes eine kleine Fontäne. Leise hört man das Rascheln der schweren Stoffe näher kommen, die den Körper von Abid'allahs Mutter Jamia verhüllen, dann das vertraute Geräusch ihrer schlurfenden Sandalen im Sand.

Abid'allah hat sich mit einem kleinen Sprung aufgerichtet, um sie zu begrüßen, und erst diese Eile kündigt Ahmed ihr Kommen an, denn niemals hat er das leise Geräusch der dicken Gewänder der Beduninenfrauen gehört, ebenso wenig wie irgendein anderes Geräusch.

Jetzt, zu Beginn des Winters, sind die schweren Zelte noch am Meer aufgestellt, wo es reichlich Fisch gibt. Die Ziegen, Esel und Kamele sind damit beschäftigt, den Ausbruch der zarten Vegetation zu ernten. Wenn sein Vater mit den großen Brüdern, den Cousins und den Netzen zum Fischen aufs Meer hinausgefahren ist, dreht sich Abid'allah um sich selbst wie ein Kreisel ohne Bremse. In der Nähe seiner Mutter spielt er verrückt. Er ist immer in Bewegung, versucht, an den Wänden des Zeltes hochzuklettern und sie als Rutschbahn zu benutzen. Ohne Atempause führt er seine kleinen Freunde aus dem Stamm bei ihren lustigen Spielen an. Sie graben Löcher und füllen sie mit dem Wasser aus den Kalebassen, die mit einem Mal viel leichter sind. Diese aufgedrehten Kerlchen verschwenden literweise das Wasser, das die Frauen einen Kilometer entfernt geduldig geschöpft haben ... Jamia ist wütend: Die Schwelle zu ihrem Zelt gleicht einem Schlammgraben. Lächelnd nimmt ihr Sohn die Ohrfeige entgegen, er scheint keinen Zorn zu kennen.

Seit er die ersten Laute von sich gegeben hat, plappert Abid'allah unaufhörlich in seiner Kindersprache, erzählt Geschichten, die Erwachsene nicht verstehen und die seine Mutter beunruhigen. Er ist gerade vier Jahre alt, als sein Ungestüm Jamia zur *Dotora* Oum Fatma führt. Die Heilerin des Dorfes kennt die Pflanzen und die traditionellen Heilmittel der Beduinen, sie sieht den Dingen auf den Grund, und ihre Ratschläge sind so kostbar wie das Leben.

»Jamia, dieses Kind ist besessen, man muss es beschützen, es wird ihm etwas zustoßen, das mit dem Meer zu tun hat.« Fatma atmet schwer aus, die Stirn in Falten, die Hand auf der Brust des Kleinen, der es dieses eine Mal nicht wagt, sich zu rühren. »Jamia, meine Tochter, halte ihn fern vom Meer.« Ihr ahnungsvoller und ernster Ton erlaubt weder Zweifel noch Fragen. Ohnehin bringen die Beduinen ihre kleinen Kinder nicht zum Meer. Fatmas Gesicht hat sich verändert, es ist gezeichnet von zurückgehaltenem Entsetzen: »Und vermeide es, ihn zu nah bei dir zu behalten.« Das Urteil hat sie getroffen wie ein scharfes Messer den Hals eines Huhns. ›Die *Dotora* hat sicher gemerkt, dass Abid'allah mein Lieblingssohn ist‹, denkt Jamia, ›und sie hat auch gespürt, dass ich mich nicht zu sehr an ihn binden darf. Warum nicht? Weil sein Leben kurz sein wird?‹ Jamia weint verzweifelt. Sie geht zurück, um sich im Zelt zu verstecken, es ist nicht gut, sich vor den anderen schwach zu zeigen. Aufgelöst erwartet sie die Rückkehr ihres Mannes oder die Nacht.

Noch vor dem Nebel des frühen Morgens steht Jamia auf, um die großen runden Fladen vorzubereiten, die während der Wanderung ihre hauptsächliche Nahrung ausmachen werden. Sie hat in der Nacht eine Entscheidung getroffen: Sie will ihren Sohn vom Meer fortbringen und so bald wie möglich in die Berge zurückkehren. Sie sammelt trockene Zweige. Ihr Feuer löst den tiefroten Mond ab und verjagt die Nacht bis zum nächsten Abend. Mit einer Handbewegung wirft Jamia den schweren Teig auf die runde Eisenplatte, er zischt und schlägt Blasen. Der volle Duft von warmem Brot beginnt sich um das Zelt herum zu verbreiten, als ihr Mann auftaucht. Er ist vom Fischfang zurück, in einer Hand hält er eine Kamelleine, den Korb voller Fische in der anderen. Man sieht ihm seine Müdigkeit an. Jamia reicht ihm den Willkommenstee, der so süß ist wie die Liebe, und beginnt den Fisch zu reinigen. Er sagt zu ihr: »*Ya*, Jamia, ein Beduine soll nicht zu lange an einem Ort bleiben. Wir kehren gleich morgen in unsere Berge zurück.«

Jamia sieht darin ein Zeichen. Ihr Mann, der die Vorhersage der *Dotora* nicht kennt, hat gespürt, dass sie abreisen müssen. Die Botschaft ist eindeutig: Sie müssen Abid'allah vom Meer fernhalten, um ihn zu schützen, zurückkehren in die Wüste um Bir Zrir, was auf Arabisch *Kleiner Brunnen* heißt, dorthin, wo die beste Süßwasserquelle der Gegend ist und Jamia bei ihrer Mutter gelebt hat, bis sie mit 15 Jahren heiratete. Die Abreise muss vorbereitet werden: Sie bauen das Zelt aus Ziegenhaar ab und falten es zusammen, rollen die Schnüre auf, stapeln die Küchenutensilien, packen die wenigen Kleider ein und treiben vor allem die Tiere zusammen. Ihr ganzer Reichtum besteht aus den Ziegen und Dromedaren, die ihnen Milch, Fleisch, Wolle für das Zelt und ihre Kleidung geben. Sie ziehen immer zu Fuß oder auf dem Rücken der Kamele von einem Ort zum anderen. Diese Tiere sind im Laufe der Jahrhunderte zum Symbol der Beduinen geworden, obwohl sie vielen anderen Völkern in Asien und Afrika schon seit der Antike dienen.

Nach dem Essen will der Vater Abid'allah mit zum Strand von Nuweiba Mezaina nehmen, um die Dattelbäume zu pflegen. Begeistert streift Abid'allah eine kleine Galabya über seine Shorts und ergreift die Hand seines Vaters. Jamia hat Angst: »Pass auf ihn auf, lass ihn vor allem nicht ans Wasser!«

Jede Familie vom Stamm der Mezaini hat ihre Dattelpalmen an diesem Strand. Die Grundstücke, die jeder Vater an seinen ersten Sohn vererbt, werden von den Bäumen begrenzt. Abid'allah sieht voller Bewunderung, wie sein Vater die Stämme hinaufklettert und an dem rauhen, haarigen und schuppenförmigen Holz Halt findet. Die Bäume sind oft vier bis sechs Meter hoch, und im Winter müssen die schweren Datteltrauben mit Stoff oder einem Plastiksack vor der Kälte geschützt werden. Auf Arabisch ebenso wie auf Hebräisch hat jeder Teil, jeder Ast der Palme einen eigenen Namen. Dieser Baum ist eine wertvolle Lebensquelle in der Region. Wie das Kamel ist er vor vielleicht 4000 Jahren aus dem Irak eingeführt worden.

Abid'allah tut der Nacken weh, weil er immer zu seinem Vater in die Baumwipfel hinaufschaut. Er beginnt zu träumen, dass er groß ist und auf die Dattelpalmen klettert, um seinem Vater zu helfen. Aber die Arbeit ist schon erledigt, alle Früchte sind geschützt bis zur Ernte. Sie müssen zurück, um die Kamele fertig zu machen, ihre und die der Cousins Suleiman, die mit ihnen aufbrechen werden.

Am nächsten Tag sitzen Abid'allah und sein Bruder Id schon beim Morgengrauen auf dem zusammengefalteten Zelt, das auf dem Hausrat und den Wassersäcken fest geschnallt ist, die wiederum geschickt um den hohen Ledersattel des Kamels herum befestigt sind. Jamia und ihr Mann laufen nebenher, gefolgt von der Familie Suleiman und deren Kamelen. Ohne noch einen Blick zurück auf das Meer zu werfen, verlassen sie die Küste auf einem langen Sandweg, der leicht bergauf führt. Später dann gehen sie auf schmalen Pfaden zwischen den rosa Granitfelsen bis in die Bergdörfer im Herzen des Sinai.

Es folgen vier Tage Wanderung und stundenlanges Warten im Schatten von Felsritzen, wenn es zu heiß zum Laufen ist. Der Gang der Dromedare wirkt unsicher, sie haben feine Fesseln, und die schlenkernden Hufe scheinen bei jedem Schritt schwerer zu werden. Dennoch kommen sie voran, unerschütterlich und sicher auch ein bisschen dumm.

Abid'allah zappelt ungeduldig oben auf dem großen Tier. Er erzählt seinem gebannt lauschenden Bruder unglaubliche, selbst erfundene Geschichten von Dschinns, jenen boshaften Geistern, vor denen man sich hüten muss, und von Sirenen. Der Zug folgt dem Auf und Ab des Weges durch die von Meer und Zeit gefurchten Berge. Immer wieder entfaltet sich vor ihnen die wilde Schönheit der Landschaft, und sie ringen mit den Launen einzelner runzliger, missmutiger Felsen. Zu ihren Füßen sehen sie zuweilen weiße Gräben und Platten aus Kalkstein, aus denen spitz und entschlossen eine junge Akazie herausragt, oder ein *Radjoum*, drei große, übereinanderliegende Steine, ein Zeichen in der Wüste, das vielleicht Abid'allahs Großvater hinterlassen hat. Es kann an einen Kampf erinnern oder eine Wasserstelle markieren, und es grüßt jeden Vorbeikommenden.

Wir alle haben ein *Radjoum* in einem Winkel unseres Kopfes, einen verborgenen Traum, der an den Sinai erinnert: ein halb vergessener Katechismus, ein Vers aus der Schöpfungsgeschichte oder dem Koran oder auch ein Spaziergang über die Ikonenmärkte von Guadalajara oder Sebastopol. Jeder hat sich sein eigenes Bild von diesem Ort geschaffen, der von den Erwartungen und Zweifeln der Menschen aus der ganzen Welt erfüllt ist.

Im Abendland gilt die Wüste als das vollkommene Sinnbild des Nichts und der Einsamkeit. Jemand, über den man sich ärgert, wird »in die Wüste geschickt«, »in der Wüste predigen« heißt reden, ohne gehört zu werden. Man hat den ursprünglichen biblischen Sinn vergessen, nach dem die Wurzel des Wortes Wüste, *midbar*, »das Wort« ist. Im Hebräischen ist die Wüste vor allem der Ort, wo geredet wird. Wo das Wort sogar etwas Gegenständliches, eine Sache wird: *Davar.* Die Wüste des Sinai ist Wort, göttliches und menschliches, dessen Echo von Berg zu Berg die Menschen verbindet. Dort erfährt man alles, dank der Gerüchte, die von Brunnen zu Brunnen eilen, von Karawane zu Karawane, von einem *Radjoum* zum anderen. Das ganze Volk der Wüste lebt im Rhythmus seiner Vorväter und hat dennoch Zugang zu den Neuigkeiten aus aller Welt.

Aber es ist auch der Ort der Verbindung: *Khibour*, wenn das Wort konkret wird und zum Leben erwacht. Die Zehn Gebote, auf Hebräisch die zehn Worte, sind Moses offenbar auf diesen Wüstenbergen übergeben worden, dort, wohin er das Volk Israels aus der Sklaverei geführt hatte, dort, wo er es über das Rote Meer hatte gehen lassen, um das Gelobte Land zu erreichen. Und alle christlichen, muslimischen und jüdischen Propheten haben ihre Inspiration und ihr Wort in der Wüste gefunden, oft war diese Wüste keine andere als der Sinai.

Denn die Weisheit ist diesem Ort eigen, der niemandem allein gehört, sondern jedem, der von ihm Besitz ergreift.

Oase von Ferane, Winter 1979

Um nach der Durchquerung der Baraka, des riesigen weißen Sandmeeres, die wasserreiche Quelle von Ain Houdra zu erreichen, geht die Karawane der Familie von Abid'allah an der mächtigen Mauer des Katharinenklosters entlang, das seit seiner Errichtung im Mittelalter ein Dutzend christlich-orthodoxer Mönche beherbergt. Es wird traditionell vom Stamm der Jabalaya bewacht, der heute vielleicht aus 1500 Menschen besteht. Einige von ihnen haben tiefblaue Augen, sie sind Nachfahren der Hafenarbeiter vom Schwarzen Meer, die im Jahre 532 von Kaiser Justinian entsandt wurden, um den Mönchen zu dienen.

Jamia und ihr Mann haben das Kloster nie betreten. Sie kommen gar nicht auf die Idee, obwohl dieser Ort für die Moslems ebenso heilig ist wie für die Christen und Juden. Die Beduinen sind Wüstenbewohner, und sie glauben vor allem an die Allgegenwart Allahs. Es bedeutet ihnen nichts, sich in Mauern einzuschließen und vor der Wüste zu schützen, um zu beten. Hinter den niedrigen, breiten Toren aus geschmiedetem Metall ersticken die engen, gepflasterten Gassen mit den gekalkten Mauern fast unter Bougainvilleas und leuchtend roten Pflanzen. Wir sind mitten in der Wüste, es ist dieselbe Sonne, aber das Genie dieser Männer des Glaubens hat jeden Stein durch einen anderen geschützt, jede Gassenecke durch einen silbergrünen Olivenbaum, und so haben sie das Wunder vollbracht, Kühle an diesen Ort zu bringen.

Familie Mekhassen umgeht den Berg von Jabel Thuna, durchquert das enge Tal von El-Boueid und erreicht die Brunnen in der Oase von Ferane. Wie treue Wächter erwarten sie dort ihre Winterzelte, die sie vor Monaten an die Akazien gehängt und zurückgelassen haben.

Wie in alten Zeiten, als die Karawanen Gewürze, Stoffe oder Salz von einem Kontinent zum anderen brachten, trinken die Kamele ergeben das brackige Wasser, das die Menschen ablehnen. Dafür werden sie als Erste versorgt. Die zurückgebliebenen Wassersäcke und Gefäße sind staubbedeckt, aber die beiden jungen Frauen bereiten schon den Tee für die lange Rast. Nach einer solchen Wanderung soll man ihn am besten heiß trinken.

Die Beduinen lassen immer einen Teil ihrer Sachen in der Wüste zurück: ihre Zelte, Kleidung oder sogar Schätze, die sie in kleinen, durch einen *Radjoum* gekennzeichneten Grotten verstecken. Niemand rührt sie an, das ist Brauch, Stammesgesetz. Das gegenseitige Vertrauen der Beduinen ist grenzenlos.

Bir Zrir, Frühjahr 1980

Abid'allah springt von Ahmeds Knien auf die von dessen jüngerem Bruder Darwish, der auch von Geburt an taub ist. Der Junge hält die Männer davon ab, Feuer für das

Abendessen zu machen, und sein Vater wird wieder einmal wütend.

Als das Lager eingerichtet ist, nimmt Darwish all seinen Mut zusammen. Er verkündet seinen Eltern den Wunsch, Fatma, die Tochter der *Dotora*, zu heiraten. Der Moment scheint gut gewählt. Sein Vater fängt ein dickes Schaf, um die Familie der Auserwählten gewogen zu stimmen, und holt den Scheich, der, wie es die Tradition verlangt, die Verhandlungen führen wird. Bei dieser Zeremonie, der *Jaha*, darf man den Namen des jungen Mädchens nicht nennen. Man spricht nur von den möglicherweise bald verbundenen Familien.

Die *Dotora* ist vor dem Zelt und stillt ihr jüngstes Töchterchen, ihre Brust wird kaum von dem Schleier aus schwarzem Flor verborgen, der ihr Haar und die untere Partie des Gesichtes verhüllt. Ihre Augen leuchten, als sie die Gäste kommen sieht. Darwishs Mutter balanciert das *Mansaf* auf dem Kopf, ein großes Kupfertablett mit verschiedenen Lebensmitteln. Die *Dotora* errät gleich das Ziel des Besuches. Sie weiß auch schon, dass sie einverstanden ist! Aber ihre Tochter Fatma versteckt sich in einem Winkel des Zeltes und weint. Sie will gern heiraten, aber einen Mann, den sie auch lieben kann: »*Oumi*, er ist taub, ich kann nicht mit ihm leben. Wie soll er mit mir reden? Wie würde er mit den Kindern reden?« Mitleidig nimmt die *Dotora* sie in die Arme: »Du wirst in der Zeichensprache mit ihm reden, wie alle. Wenn du einverstanden bist, schauen wir nach, was der Kaffeesatz sagt. Dann entscheidest du dich.« Fatma ist bereit, das Orakel zu befragen.

Die *Dotora* kippt ihr Glas mit einer raschen Bewegung auf eine weiße Untertasse. Sie liest aufmerksam in den

Arabesken, die der Kaffeesatz auf den Rand des Glases gemalt hat, aus dem das junge Mädchen getrunken hat. »Siehst du diese Kurve, meine Tochter?« Sie weist auf den Innenrand. »Sie symbolisiert die Heiterkeit. Es ist eine schöne Zukunft mit zärtlicher Liebe und schönen, gesunden Kindern.« Fatma sagt kein Wort, und die *Dotora* versucht, sie zu beruhigen: »Fatma, so wie du dich entscheidest, ist es gut. Mach, was dir dein Herz sagt, es ist rein wie Quellwasser.« Das junge Mädchen ist verwirrt: Das Orakel ist günstig, und sie zögert, auf einen anderen Bewerber zu warten ... Sie entschließt sich, Jamia um Rat zu fragen, ihre ältere Cousine und Freundin. Deren Antwort ist eindeutig: Er ist ein anständiger Kerl. Seine Familie ist ebenfalls in Ordnung. Die Suleiman gehören zu den alten Geschlechtern von Nuweiba Mezaina. Ein paar Tage später willigt Fatma ein, Darwish zu heiraten.

Für die Beduinen ist das Haus allein das Reich der Frau, denn alles darin gehört ihr. Es ist die Mitgift des Mannes, sein Hochzeitsgeschenk. An alles Notwendige für den Alltag des Paares und der künftigen Kinder wird gedacht. Fatma erhält außerdem zwei Goldarmbänder von Darwishs Eltern. Sein Lächeln erstrahlt von diesem Tag an noch heller. Er ist neunzehn, sie fünfzehn. Es gibt ein großes Fest: Mehrere Schafe und sogar ein Kamel werden geschlachtet, es gibt köstliche Speisen. Am Morgen machen die Tänze den Geschichten und ernsten Gesprächen Platz. Der kleine Abid'allah wird sich später nicht mehr an die Hochzeit seines Freundes Darwish erinnern: Er schläft auf der Erde neben dem Feuer ein, fast ein wenig betrunken von all der Aufregung.

Am nächsten Tag sind alle zufrieden. Fatma scheint glücklich über das Fest und über ihre Entscheidung. Darwish wird von allen Stammesangehörigen gehänselt: »Deine Zähne werden dir noch rausfallen, so wie du ständig grinst! Mach doch ab und zu mal den Mund zu!« Die Frauen sind in der Glut des Nachmittags am Brunnen, um Wasser zu holen, vor allem jedoch, um einmal unter sich zu sein und reden zu können, ohne die Kinder und ohne von den Männern gehört zu werden. »Es war eine sehr gelungene Hochzeit!«, beginnt Jamia. Ihre Cousine ergänzt: »Die *Dotora* hat gesehen, dass dieser Darwish gut ist für ihre Tochter ... Sie hat Recht. Er ist pfiffig, er ist sehr nett, ich hätte ihn gern genommen!« Die anderen lachen über den Verdruss der Cousine. Alle wissen, dass sie sich mit ihrem Mann nicht gut verträgt. Sie seufzt: »Er ist so dumm, mein Mann ... Ich würde ihn am liebsten im Brunnen vergessen ...« Alle amüsieren sich köstlich ... Natürlich ist es gar nicht lustig, aber da ist nichts zu machen. Bei den Nomaden lässt man sich nicht scheiden: Die Männer verstoßen, die Frauen haben Humor – die Höflichkeit der Verzweiflung, wie es in einem jiddischen Sprichwort heißt.

Die Wochen verstreichen im Nomadenlager, in den großen, verstreut stehenden Zelten der Mekhassen, der Suleiman und der frisch Vermählten. Deren Zelt ist nur geliehen, bis sie in ein Bergdorf kommen, wo sie sich ein neues anfertigen lassen. Fatma und Jamia sind in einen nah gelegenen *Wadi*, ein ausgetrocknetes Flusstal, gegangen, um Heilpflanzen zu suchen, die ihnen die *Dotora*, die all ihr Wissen an die Tochter weitergibt, gezeigt hat. Die

Kamele der einzelnen Herden weiden frei auf den Dünen und in den Winkeln dieser ausgetrockneten Erde. Ihr Brüllen klingt wie ein Echo auf das Kratzen der Spachtel, mit denen die Männer versuchen, die kleinen, bewässerten Sandterrassen zu befestigen, auf denen im Schatten von Dattelpalmen und Feigenbäumen Gemüse wächst.

Bir Zrir, Sommer 1980

Ein Mann kommt angerannt, es ist Darwish, er macht schon von weitem aufgeregte Zeichen: Ein Unglück ist geschehen … »Allah! Allah!«, schreien die Frauen, um das Schicksal zu beschwören. Zu spät. Darwish zeigt die Größe eines fünfjährigen Kindes, bewegt beide Arme neben dem Körper wie eine Lokomotive … »Abid'allah!«, schreit seine Mutter. »Ihm ist ein Unglück zugestoßen …«, flüstert sie lautlos, ehe sie in die Arme ihrer bestürzten Cousine sinkt.

Blut, bläuliches Blut fließt aus seinen kleinen Ohren. Er schreit nicht, sein Gesicht ist schmerzverzerrt. Er scheint nicht mehr zu atmen, doch, er holt ganz vorsichtig Luft, um jede Bewegung zu vermeiden. Er liegt unter einer Dattelpalme, unter dem großen Ast, von dem er herabgestürzt ist, aufgespießt wie ein Schmetterling in einer Museumsvitrine.

»Kleiner Abid'allah, was ist mit dir passiert?«, fragen die Augen von Ahmed, der seine Hand hält. Sein Vater stürzt herbei, reißt ihn vom Boden in seine Arme und rennt gen Osten davon. Ahmed ist fassungslos, was kann er tun, allein, zu Fuß? Auch er rennt los, rennt zum einen Kilometer entfernten Zelt des Scheich Ramadan, um sich dessen Jeep zu leihen. Schnell den Schlüssel ins Zündschloss, er muss Mekhassen einholen, der verzweifelt die Straße entlangrennt. Er will versuchen, nach Norden, an die Küste zu gelangen, zum Krankenhaus von Nuweiba.

Die kleine Staubwolke ist keine Täuschung: Er ist es! Ahmed hält an und öffnet die Beifahrertür. Sie fahren zum israelischen Krankenhaus. Abid'allah hat vor Schmerz das Bewusstsein verloren. Der Vater zittert vor Angst. Ahmed fährt schnell und gut, er arbeitet oft auf dem *John Deere*, dem großen Traktor im Melonen-Moshav von Nuweiba. Die Bereitschaftsärzte sehen das Fahrzeug angerast kommen und bereiten die Notaufnahme vor. Nach einer kurzen Untersuchung ist das Urteil klar: Beide Trommelfelle sind geplatzt, die Innenohren zerquetscht, es besteht ein Schädeltrauma und die Gefahr einer Pulsadergeschwulst. Die Ärzte reden ohne Umschweife, Abid'allahs einzige Chance ist der sofortige Transport zum Regionalkrankenhaus in Elat. Sein Kopf pendelt hin und her, er röchelt Besorgnis erregend ... Aber den Transport und die Behandlung muss man bezahlen ... Ahmed und Mekhassen sehen einander ratlos an. Ahmed macht Zeichen: Asher. Mekhassen nickt und spricht in gebrochenem Hebräisch: »Wir haben israelische Arbeitgeber, sie werden mit ihren Versicherungen für alles aufkommen ...« Die Arbeitgeber wissen natürlich nichts davon, aber das ist die einzige Chance für Abid'allah, der nur noch schwach atmet und bewusstlos auf dem weißen Laken liegt, sein Kopf bedeckt von getrocknetem Blut und Binden. Die Ärzte sind einverstanden, das Risiko auf sich zu nehmen: Fünf Jahre ist kein

Alter, um zu sterben ... nicht mal in einer verlorenen Ecke der Wüste Sinai. Dann geht alles sehr schnell. Abid'allah und sein Vater werden mit einem Hubschrauber in das moderne Krankenhaus geflogen. Die Computertomographie und andere Untersuchungen ergeben, dass es nicht nötig ist, den Schädel zu öffnen. Der HNO-Arzt untersucht und reinigt die Ohren des schlafenden Kindes. Die Diagnose wird klarer. Er wird leben. Aber die Schäden sind schwer. Er wird vielleicht für immer taub bleiben.

Ahmed verliert keine Zeit. Sobald er den Jeep am Strand von Mezaina abgestellt hat, weil der Tank leer ist, geht er zum israelischen Chef. Das alles kann den Stamm teuer zu stehen kommen ... Er zieht die Galabya bis zu den Knien hoch und fährt mit dem Fahrrad die vier Kilometer vom Strand zum Moshav. Asher Gal, ein kleiner, sportlicher und etwas griesgrämig aussehender Mann mit runden Brillengläsern und dichten Brauen (die Gehörlosen von Mezaina zeichnen die dichten »Augenhaare« nach, wenn sie von ihm sprechen) hat gerade Besuch vom Buchprüfer. Erfreut über die Ablenkung von dieser unangenehmen Beschäftigung, springt der Israeli auf und streckt dem Ankömmling die Hand entgegen. Er schaut ihn erstaunt an: »Dein Lächeln ist so traurig heute«, bedeutet er ihm in einer improvisierten Zeichensprache. »Was ist passiert?« Ahmed ist erleichtert, dass er gefragt wird. Er setzt sich im Schneidersitz auf den Boden und fordert seinen weniger gelenkigen Gastgeber auf, es ihm gleichzutun. Dann beginnt er mit langsamen Gesten zu erzählen, die wichtigen Dinge wiederholt er. Asher spricht laut in Hebräisch aus, was er von seinem Freund erfährt. »Der kleine Mekhassen, der Schelm ... ja, ich kenne ihn ... von einer Dattelpalme gefallen ... fast tot ... die Beduinen in Panik ... Und dann? Was ist nach dem Unfall geschehen?« Ahmed zögert ... Asher schüttelt ihn am Arm: »Los!«

»Wir haben ihn in die Klinik von Nuweiba gebracht, aber das war nicht gut ... die Ärzte haben ihn bis nach Elat geschickt.«

Ahmed hat das Gefühl, alles gesagt zu haben. Asher hat noch immer nicht verstanden, er fragt erneut: »Wie geht es dem Kleinen?«

»Halbwegs gut, er wird leben, aber er wird taub bleiben«, erklärt der Beduine.

»Taub?«

Asher ist entsetzt. Taub durch einen Unfall, in diesem Stamm, wo es schon so viele von Geburt an Gehörlose gibt! »Das ist kaum zu glauben ...«, murmelt er. Ahmed sieht ihm gerade in die Augen und wartet. »Kann ich etwas tun?«, fügt er unter seiner Mütze hinzu, denn er kennt seinen Angestellten gut. Ahmed nickt, er wirkt gleichzeitig zufrieden und besorgt. »Das Krankenhaus«, erklärt er mit seinen Zeichen, »ist sehr, sehr teuer. Können sie«, er zeigt nach Norden und verweist mit zwei Fingern auf der Schulter auf die Behörden, mit »sie« meint er: Israel, die Regierung, die Versicherungen, die Beamten oder irgendeine spezielle, dafür zuständige Organisation, »können sie bezahlen?«

Asher ist plötzlich leicht grün im Gesicht. Auf dem Stuhl hinter ihm hüstelt der Buchprüfer, um seine Ungeduld kundzutun: »Komm, Asher, wir machen das hier fertig, und dann lasse ich dich laufen! Was erzählt er dir denn da, dass du dich so aufregst?«

»Nichts, wir müssen nur ein paar zehntausend Dollar auftreiben, um das Krankenhaus des kleinen Mekhassen zu bezahlen.«

»Wieviel?«

»Keiner weiß es genau! Viel, das steht fest, er ist in der Chirurgie ... Na gut, auf jeden Fall besser als ein Begräbnis ... Aber woher nehmen wir die Kohle?!«

Asher murmelt vor sich hin, und Ahmed dankt ihm, vergisst, vom Transport im Hubschrauber zu erzählen, und wendet sich mit der Überzeugung, dass der Chef ihnen helfen wird, zum Gehen.

»He!« Asher packt ihn am Arm: »Ich bin nicht sicher, ob ich eine Lösung finde, komm morgen wieder.«

Ahmed verspricht es und verschwindet erleichtert.

»Na toll«, knurrt der Chef, »wir müssten die Arbeitsunfallversicherung einschalten, aber niemand wird mir glauben, wenn sie sehen, dass dieser Arbeiter, Herr Mekhassen, erst fünf Jahre alt ist!«

»Es sei denn, man vergisst, dieses Detail zu erwähnen«, kommentiert der Buchprüfer ganz unschuldig.

»Ja, ja, eine großartige Idee, du spinnst ja wohl! Ein ausgekochter Buchprüfer, aber diese Ärzte kennt er nicht. Und außerdem, die in Elat halten sich für Gott, wie immer in der Provinz!«

»Doch, ich kenne sie, eben deshalb. Der Chirurg, der sich für Gott hält, ist mein Bruder Eli ...«, erklärt der Buchprüfer und versucht, sein Lachen zurückzuhalten.

»Das ist nicht wahr, du nimmst mich auf den Arm, du machst dich über mich lustig ...«, regt sich Asher auf.

»Keinswegs, Herr Dickbraue, Eli Hirschmann ist mein ältester Bruder, er ist seit bald zehn Jahren in der Kinderabteilung von diesem Krankenhaus.«

»Ist er der Arzt des Kleinen?«

»Das werden wir gleich wissen«, sagt der Buchprüfer Hirschmann und tippt die Nummer des Bruders ins Telefon. »Grüß dich, Eli! Hier ist Rafuz. Sag mal, hast du heute ein Beduinenkind aufgenommen, fünf Jahre, mit zerquetschten Ohren? Ziemlich übel? ... Ja, hör mal, das ist der Sohn von einem Angestellten eines Kunden von mir, ein Bauer aus dem Moshav von Nuweiba, der hat's nicht gerade dicke, wie du dir denken kannst. Wir wollen die Kosten auf den Namen des Vaters abrechnen, damit die Versicherung zahlt. ... O.K? Ich zähle auf dich! ... Der Mann heißt Asher Gal, der Kerl vom Moshav meine ich. Er ist ein bisschen brummig, aber in Ordnung. Danke ... Doch, doch, bye!« Er legt auf. »Erledigt. Und jetzt wirst du mir helfen, deine Abrechnung fertig zu machen, o.k?«

Ahmed kehrt ins Dorf zurück. Er wird von allen bestürmt, rennt aber sofort zu Jamia. Fatma ist da, um das endlose Warten der Mutter zu teilen. Jamia betet für ihren Sohn. »Du musst Allah danken, Abid'allah lebt!«, sagt Ahmed ihr mit seinen Zeichen. Sie zerfließt in Tränen der Erleichterung und umarmt ihn. Ihr ganzer Körper dankt ihm für das, was er getan hat. Fatma bringt ihm den Maramiya, den milden Salbeitee, und er erzählt von dem Sturz, von der Fahrt und vom Krankenhaus, vom Glück, das sie hatten, von der modernen Technik, vom Wunder ... Er vergisst das Koma, er vergisst das entsetzte Gesicht der Ärzte, die Angst und die Krankenhauskosten. Er vergisst vor allem die abschließende Diagnose: Das Kind hat das Gehör im rechten Ohr vollständig verloren, im linken bleiben ihm nur noch dreißig Prozent.

Von diesem Tag an ist die Achtung vor den technischen Möglichkeiten und der Organisation des Westens im Dienste des Lebens für immer in den Geist der Mezaini eingebrannt, vor allem aber eine unendliche Dankbarkeit für Asher Gal vom Moshav.

In der folgenden Woche kommt Abid'allahs Vater zusammen mit allen anderen von Asher angestellten Beduinen in den Moshav, um dem Chef feierlich zu danken. Wie es die Sitte verlangt, lädt Mekhassen zu einem Freudenfest zu seinen Ehren ein, das drei Tagen und drei Nächte dauern soll. Asher ist sichtbar gerührt und verlegen. Denkt er daran, dass sich die Mekhassen eine solche Verrücktheit eigentlich nicht leisten können? Er überlegt, und schließlich sagt er: »Weißt du, wovon meine drei Kinder träumen?« Niemand hat eine Ahnung. »Sie träumen davon, wie die Wanderhirten auf Kamelen durch die Wüste zu ziehen, so wie eure Kinder.« Alle sind erstaunt. »Könntet ihr mit uns auf Kamelen bis nach Bir Zrir und zurück wandern, sagen wir in drei Tagen?« Mekhassen lacht von einem Ohr zum anderen: »Wann willst du aufbrechen?«

Der Handel ist abgeschlossen: Das Fest wird ein einfacher Freundschaftsabend am Feuer, und die Reise findet in den Schulferien statt. Alle sind glücklich, Ashers Kinder am meisten. Noch zwanzig Jahre später erinnern sie sich daran.

Strand von Nuweiba Mezaina, Sommer 1981

Abid'allah hört nicht mehr. Abid'allah spricht nicht mehr. Er sagt kein Wort und kümmert sich nicht um seine kleinen Nachbarn, seine früheren Kameraden. Allein irrt er zwischen den Zelten umher. Anders als der Chirurg angenommen hatte, ist er seit dem Unfall völlig taub. Traurige Wochen vergehen, und wenn Jamia nicht mit am Brunnen ist, hört man dort furchtbares Gerede: »Der kleine Kerl ist hin. Er war ja schon vor der Katastrophe so überdreht, das hat ihm nun noch den Rest gegeben.« Fatma fügt hinzu: »Er ist bestimmt verhext. Vielleicht bestraft Allah die Mekhassen für eine vergangene Dummheit ... Der Älteste des Großvaters war ein merkwürdiger Kauz. Er hat seine beiden Frauen sehr leiden lassen.« Die Cousine seufzt: »Arme Jamia, sie kann doch nichts dafür. Zum Glück hat sie ihren Ältesten. Id geht schon in die Schule, er ist sehr intelligent. Das wird sie retten. Inzwischen ...«

Inzwischen ist Jamia ein drittes Mal schwanger. Sie überwacht Abid'allah, damit er sich nicht von ihrem Zelt entfernt.

»Er wird eingesperrt bleiben, solange du ihm nicht das Schwimmen beibringst, du musst es mir versprechen ...«, wiederholt sie, und aus ihren Zeichen spricht von Mal zu Mal eine größere Bestimmtheit. Ahmed versteht nichts. Er sieht natürlich, dass Jamia nun noch mehr an ihrem Sohn hängt als je zuvor. Ständig ist sie auf der Hut. Sie ist wie besessen. Sie erzählt ihren Alptraum: »Abid'allah flieht zum Meer, und ihm geschieht ein neues Unglück ...«

Trotz seiner gewohnten Hilfsbereitschaft antwortet Ahmed diesmal: »In den Bergen nützt es überhaupt nichts, schwimmen zu können ... Die meisten von uns können nicht schwimmen, na und?!« Er geht mit einer wegwerfenden Geste und wiederholt, indem er beide Hände auf die Brust legt: »*Nissa, nissa* ... die Frauen, die Frauen ...« Eine Stunde später tritt Darwish, der Jungvermählte, von hinten an das Zelt der Mekhassen heran und stampft laut auf, damit man ihn hereinbittet. So will es die Tradition: Wenn er hereinkommen will, muss er sich bemerkbar machen und warten. Er erklärt der jungen Frau, er wolle den kleinen Kerl gern unter seine Fittiche nehmen. »Ja, um Abid'allah das Schwimmen beizubringen ...« Er ist stolz auf seine gute Tat ... »Jetzt gleich? Einverstanden, jetzt gleich ...«, willigt er mit einem Kopfnicken ein. Vor dieser jungen Löwin muss man einfach die Waffen strecken.

Abid'allah ist sechs Jahre alt, er war noch nie im Meer. Das Meer ist wie die Wüste, es hat einen Anfang, aber kein Ende. Sein Ursprung ist eine weiße Linie von dickem, klebrigem Schaum, die das zarte Grün und Türkis, Opal und all die Blautöne noch unterstreicht, die sich bis zum Horizont erstrecken.

Darwish drückt seinen Schützling fest an seine Galabya, die er bis zu den Knien geschürzt hat. Er legt das Kind auf den Bauch, lässt es durch das flache Wasser entlang des Riffs gleiten. Der Kleine rührt sich nicht ... Darwish schlägt leicht auf die Wasseroberfläche neben seinem Körper und bespritzt ihn vorsichtig ... Nun geschieht etwas, was seit langem nicht mehr vorgekommen ist: Abid'allah beginnt zu lachen, und sein Cousin stimmt mit ein. Der Kleine hat keine Angst mehr.

Sie gehen etwas weiter hinein: Mit dem Fuß und dem freien Arm zeigt ihm Darwish das Brustschwimmen und fordert ihn auf, die Bewegungen nachzuahmen. Er hat keinen Grund mehr unter den Füßen. Abid'allah wirft sich selbstvergessen in das tiefe Wasser und versinkt auf der Stelle. Der unerfahrene Schwimmlehrer bleibt verdutzt zurück, gelähmt vor Überraschung und Angst. Vor seinen Augen erfüllt sich die Prophezeiung von Oum Fatma! Dann sieht er ein paar Blasen aufsteigen und taucht. Er packt den Jungen am Arm. Als er ihn an die Oberfläche zieht, ist der Kleine hochrot im Gesicht und spuckt das ganze Salz des Meeres aus. Darwish keucht, niemals wird er Jamia erzählen, was geschehen ist ... Abid'allah muss das Meer verstehen, er muss schwimmen lernen ... und er muss am Leben bleiben, Allah!

Am nächsten Morgen entführt Darwish ihn schon sehr früh von seiner Mutter zur nächsten Unterrichtsstunde. Muhamad und Jouma, beide sechs Jahre alt und beide von Geburt an taub, sitzen am Strand und erwarten den Lehrer. Sie machen ihm Zeichen: »Du bringst Abid'allah das Schwimmen bei. Wir wollen auch!« Darwish fällt fast in Ohnmacht. Das schafft er nie. Schon mit einem – wenn auch sicher dem Schlimmsten von allen – war es ein Ding der Unmöglichkeit, aber mit dreien ... Er stellt sich bereits die drei kleinen Körper vor, wie sie blau angelaufen am Strand liegen, und die Eltern, die ihn, Darwish, mit großen Messern verfolgen. Er setzt sich, und minutenlang bewegt er nichts anderes als die Wimpern. »Gut, unter drei Bedingungen«, erklärt er mit sehr entschiedenen Zeichen: »Erstens hört ihr mir zu, zweitens macht ihr genau das, was ich euch sage, und drittens macht ihr nichts anderes als das.« Er bleibt sitzen und bewundert seinen Strand. Er ist schön! Er atmet sanft im Rhythmus der Brandung und des Windes, der die Dattelpalmen bewegt. Die Kinder ahmen Darwish nach, sitzen da und beobachten. Abid'allah wartet. Stehend. Die Arme über der schmalen Brust gekreuzt. Geschwätzige Möwen fliegen dicht über die gegenüberliegenden Berge und lassen sich schließlich auf dem Wasser nieder: Sie bilden eine weiße, sehr ordentlich gezogene Linie. Da drüben liegt Saudi-Arabien. Andere Beduinen aus anderen Stämmen leben dort. Sie besitzen große Kamelherden und einen Mercedes. Darwish träumt von ihnen. Für sie ist Mekka das nächste Dorf, in dem man seine Einkäufe erledigt. Nachdenklich entschließt er sich endlich, seinen Zeh zu bewegen, der von einer Krabbe gekitzelt wird. Neben ihm erzählt der Spaßvogel Jouma seinen beiden Freunden mit Zeichen den Klatsch vom Vortag.

Endlich steht der Boss auf, hinter ihm, die Stirn in größter Konzentration gerunzelt, die drei Jungen. Dann kauern sie auf dem Korallenriff, das Wasser geht ihnen bis zur Brust. Sie verfangen sich in ihren eigenen wilden und nur entfernt dem Vorbild ähnlichen Bewegungen, schlucken ordentlich Wasser und bleiben diszipliniert, sogar Abid'allah. Das war die erste Stunde des vorsichtig gewordenen Amateurschwimmmeisters. Ihr folgt eine zweite am nächsten Tag, täglich geht es weiter, bis zum Freitag.

Der vertraute Nordwind bläst noch, er wellt die Haare wie Algen und streichelt den Nacken. Darwish und die Kleinen wagen sich etwas weiter. Abid'allah läuft mit dem Kopf unter Wasser wie ein Strauß im Sand. Alle lachen, aber er hört nichts davon, weil er sie nicht mehr sieht. Plötzlich taucht er etwas tiefer. Neugierig stecken auch die anderen den Kopf in das Blau des Meeres und reißen erstaunt die Augen auf: Abid'allah versucht, einen Kugelfisch zu fangen! Noch nie haben sie ein solches Tier gesehen. Um Eindruck zu machen, verdreifacht der Kugelfisch seinen Umfang, indem er Wasser trinkt. Er ist nicht sehr scheu und versucht eher gelassen, Abid'allah auszuweichen, der von diesem weichen, schuppenlosen Körper so fasziniert ist, dass er fast vergisst, aufzutauchen und Luft zu holen. Darwish erklärt, dass er solche Kugelfische schon gesehen hat, sogar noch größere und sehr unterschiedliche: gefleckte, blaue, »mit Augen wie braune Butter« oder welche mit Stacheln wie die Stachelschweine, die man in der Wüste findet. Muhamad, Jouma und Abid'allah sind verzaubert: Immer wieder stecken sie die Köpfe ins Wasser. Vielleicht wollen sie sich überzeugen, dass die Welt dort unten mit ihren Korallen, ihren Algen und ihren Fischen noch da ist, dass sie nicht untergeht oder nur vorübergehend existiert. Darwish kehrt an den Strand zurück. An seinen gebeugten Schultern lässt sich der Stolz eines Mannes ablesen, der mit seiner Arbeit zufrieden ist. Er sieht den Kindern zu, wie sie sich über diesen neuen Spielplatz freuen, wie sie in den Wellen herumspringen und einander umschubsen. Sie suchen orangerote Krabben und Seeigel, die sich unter ihren Füßen in der vielfarbigen Lagune verbergen, und Abid'allah lacht aus vollem Halse.

Hier ist alles Harmonie und Sanftmut. Abid'allah beginnt, die wunderbare Wirklichkeit des Roten Meeres in Besitz zu nehmen. Mit Jouma, dem Fröhlichen, und Muhamad, dem Ernsten, an seiner Seite wächst er heran, erfüllt von diesem neuen Leben, das sich allmählich vor ihm öffnet. Mit sieben Jahren fahren sie schon allein zum Angeln aufs offene Meer hinaus. Sie stehen im Boot, jeder hält ein Ruder, und sie bewegen sich im gleichen Rhythmus. Das ist Abenteuer. Sie wissen, dass sie Außergewöhnliches erleben, so wie die Großen. Deshalb unternehmen sie auch keine Anstrengungen, morgens den Weg in die Schule zu finden. Das Meer lehrt sie die Arbeit und das Leben eines Mannes. Wie ihre Eltern wird keiner der drei je lesen oder schreiben können. Seit den achtziger Jahren gibt es zwar ein organisiertes Bildungssystem für die Beduinen, aber die Lehrer haben keine Ausbildung, um Gehörlose zu unterrichten, so dass die Schule für sie eine Zumutung ist. Sie amüsieren sich mit den anderen Kindern in ihrer Zeichensprache, spielen und kämpfen, aber der Unterricht …

Muhamad hätte trotzdem gern etwas gelernt. Er war immer neugierig und klug, aber kein Lehrer hat sich je bemüht, ihm zu helfen. Das Anderssein der Gehörlosen wird zwar in der Gemeinschaft voll akzeptiert, aber es bleibt ein Handicap, das wird ihnen schon sehr früh bewusst. Also schließen sich die drei noch enger zusammen. Jeder hat seine ganz eigene Persönlichkeit: Muhamad ist der Strenge und Zurückhaltende, Jouma albert die ganze Zeit herum, er wirkt immer glücklich, ohne besonderen Grund. Abid'allah hingegen ist der Sonderling. Er ist rastlos und einsam, er hört auf niemanden, nicht einmal auf sich selbst. Er spricht nur mit seiner engsten Familie, mit Jouma und mit Muhamad. Er spielt allein am Strand. Er angelt allein, und schon sehr früh fährt er aufs offene Meer hinaus, um von Blicken ungestört zu schwimmen und zu tauchen.

Seine Mutter Jamia hat aufgehört, sich um ihn Sorgen zu machen. Er ist jetzt zu eng mit dem Meer verbunden, um in Gefahr zu sein. Sie hat ihm auch nie von der Prophezeiung der *Dotora* erzählt. Jamia ist die einzige Autorität, die er akzeptiert, und sie hätte gern, dass er sich ein wenig mehr in das Stammesleben einfügt, dass er versucht »zu sein wie die anderen«. Aber darin weigert sich Abid'allah, ihr zu gehorchen. Jedes Jahr bei Schulbeginn bemüht er sich ein paar Tage, es in einem Klassenraum auszuhalten, ohne etwas von dem zu verstehen, was dort gesagt wird. Dann geht er gedemütigt davon, ans Ufer. Er ist wie hypnotisiert von diesem türkisfarbenen Meer, das er doch täglich sieht.

Abid'allah ist halb zu einem Fisch geworden, ein Außenseiter, der von den meisten Mitgliedern des Clans als ein kleiner Wilder angesehen wird.

Indischer Ozean, um 1980

Wie drei Löwinnen, die ihre Jungen beschützen, wachen der Sinai, das verdorrte Arava-Tal und die arabische Wüste wohlwollend über die friedlichen, salzigen Wasser des Schilfmeeres. Hier gibt es nur magere, ausgetrocknete Wadi, keine Flüsse, die Sand ins Meer spülen. Weil weder Sedimentgestein und Ablagerungen der Flüsse noch Mineralien durch den Regen ins Wasser gelangen, ist das Rote Meer einzigartig und glasklar.

Das Licht dringt weit nach unten und verwandelt sich

durch Photosynthese in die Energie, die die Algen zum Leben brauchen. Ein Ozean ist voller Plankton, es ist das Grundnahrungsmittel für die meisten Meerestiere. Die winzigen, durchscheinenden lebendigen Körper entstehen aus Mineralien, die der Regen mit sich trägt, deshalb gibt es hier nur wenig davon. Teilweise übernehmen die unzähligen Algen die Funktion des Planktons. Sie leben mit den Korallen auf den Riffen an der Küste und ernähren die 1020 Fischarten, die bis heute entdeckt wurden.

Das Leben der zahlreichen Arten des Roten Meeres ist völlig anders als das der Ozeanbewohner. Sie sind äußerst empfindlich, und nur eine vollkommene Symbiose ermöglicht ihnen das Überleben. Jedes Geschöpf ist einem anderen nützlich. Manche Korallen beherbergen und beschützen kleine Krabben, deren Aufgabe es ist, Eindringlinge zu kneifen. Andere haben Würmer, die Feinde mit einer Art Säure verbrennen, die die Blutgerinnung verhindert. Beim Tauchen trifft man überall auf den häufigsten Fall einer Symbiose: Die Partnerschaft zwischen dem goldgelben Clownfisch mit seinen zwei weißen Streifen und der Seeanemone, einem Tier, das die Form einer dunkelrosa Blume besitzt. Wenn der Fisch eine Gefahr spürt, verschwindet er zwischen den cremefarbenen Tentakeln der Anemone, wie ein müdes Kind in seinem sauberen Bett. Dank der Schleimschicht auf seiner Haut ist er im Unterschied zu den meisten Angreifern unempfindlich gegen das brennende, lähmende Gift der Anemone. Die Clownfische leben in Paaren im Herzen dieses Tieres mit dem weichen Körper, legen ihre Eier neben ihm ab und entfernen Falterfische, die an den empfindlichen Armen der Anemone knabbern wollen.

Entfernt sich das Meer vom Riff, entdeckt man eine andere Wirklichkeit, ebenso ergreifend, aber eintöniger. Die gigantischen Schwärme der blauen Füsiliere mit ihren schillernden Leibern bilden sich ständig wandelnde Landschaften mit unglaublichen, von gelben Punkten übersäten Reliefs. Hunderte von Meerbarben kreuzen ihren Weg und bedecken sie mit einem Funkeln, wenn ihre silbrig glänzenden Flossen das Sonnenlicht widerspiegeln.

Hier ist Oline geboren. In den Tiefen des Roten Meeres. Abseits von der Welt. In einem jener seltenen, unvergleichlichen Augenblicke voller Gefühl, da das Göttliche auf der Haut spürbar wird, da das Leben seinen Sinn und seine Kraft preisgibt.

Delphine gehören wie die Wale zu den Meeressäugetieren. Sie sind neben den Seekühen die einzigen, die sich im Wasser lieben und dort ihre Kinder gebären.

Mit der Schwanzflosse zuerst gleitet das kleine, blassblaue Delphinmädchen, das bereits 30 Kilo wiegt und einen Meter lang ist, langsam und scheinbar mühelos aus dem Bauch der Mutter.

An der Seite der Mutter, die sich ein Stück vom Clan entfernt hat, schwimmt ein anderes Delphinweibchen, die Amme. Sie hilft bei der Niederkunft und vor allem bei der Beaufsichtigung des Kindes nach der Geburt. Delphinbabys sind bei Raubfischen sehr begehrt. Bis sie etwa zwei Jahre alt sind, werden sie ständig von der Mutter und den anderen Weibchen, die sich als Kindermädchen abwechseln, überwacht.

Oline schwimmt, sobald sie den Bauch der Mutter verlassen hat ... allerdings noch sehr unsicher. Die Amme hält sie mit dem Maul unter dem Bauch an der Wasseroberfläche, damit sie zum ersten Mal Luft holen kann. Dann beginnt bereits die erste Unterweisung im richtigen Atmen: Im gleichen Rhythmus wie die Erwachsenen über Wasser Luft schnappen. Die Haut der Kleinen ist ganz zerknittert und hat weiße Streifen vom langen Aufenthalt im Bauch der Mutter. Die noch weichen Flossen sind zusammengefaltet.

Die Mutter wirkt nicht erschöpft von der Entbindung. Sie blickt auf das kleine Anhängsel in ihrem Kielwasser. Die Amme schwimmt stolz neben ihnen her. Zwanzig Stunden nach ihrer Geburt atmet Oline ohne Probleme und kann schon gut schwimmen. Zum erstem Mal sucht sie mit ihrem Maul die in zwei Hautfalten unter dem Bauch der Mutter verborgenen Zitzen. Sie schnappt nach ihnen und trinkt etwa zehn Sekunden lang von der sehr reichhaltigen Milch. Ihre Zunge benutzt sie dabei als Rinne. So ernährt sie sich anfangs alle halbe Stunde, dann immer seltener, bis sie selbst richtig jagen kann, etwa mit zwei Jahren. Und wenn sie als Erwachsene aus einer Laune heraus noch einmal Milch verlangt, lässt die Mutter sie wohlwollend gewähren.

Die meisten Delphine leben in großer Entfernung zu den Menschen, ihren Schiffen und ihren Küsten. Deshalb ist es so schwierig, sie zu erforschen. Ehe in den sechziger Jahren das große Interesse an ihnen und die große Begeisterung für ihre artistischen Kunststücke ausbrachen, wussten wir nur das, was Aristoteles uns vor 2500 Jahren verraten hatte. Schon er war sich ziemlich sicher, dass die

Intelligenz des Delphins in ihrer Leistungsfähigkeit etwa der unseren entspreche, wenngleich sie doch sehr andersartig sei, so dass es ihm unwahrscheinlich erschien, diese Tiere fürchten zu müssen. Bis heute ist ihr Geheimnis nicht gänzlich gelüftet.

Natürlich verstehe ich die Delphine nicht wirklich, und ich werde sie sicher auch nie verstehen. Dennoch erzähle ich die Geschichte von Oline so, wie sie sich möglicherweise ereignet hat. Im Lichte dessen, was die Delphinforscher und -freunde, die für ihren Schutz kämpfen, heute über das Leben von Oline und von freien Delphinen im Allgemeinen wissen, habe ich versucht, ihren Weg bis zu dem Zeitpunkt zu rekonstruieren, als ich ihr als Erwachsene begegnet bin. Oline kann mir ihre Vergangenheit nicht erzählen, aber ich kann sie mir vorstellen …

Oline ist zehn Tage alt, als ihre Mutter sie feierlich dem Vater und der Familie vorstellt. Von nun an ist sie ganz und gar ein Gemeinschaftswesen. Ihr Überleben, ihre Ernährung, ihre Sicherheit werden von der ganzen Gruppe gesichert: ihrem Vater und ihrer Mutter, zwei jungen Männchen, sieben anderen Weibchen und einem zweiten Delphinkind, das etwa ein Jahr alt ist. Sie gehören zu einer der großen Schulen im Süden des Roten Meeres, die ungefähr 200 Delphine ihrer Art umfasst. Olines Eltern stammen aus dem Indischen Ozean. Oline ist ein Tursiop-Delphin (das Wort stammt aus dem Lateinischen und bedeutet Delphingesicht) oder Tümmler. Man könnte auch Botschafterdelphin sagen, denn diese Art lässt sich am häufigsten auf die Begegnung mit Menschen ein.

Wie alle Mitglieder des Clans hat auch Oline ihren eigenen Vornamen in der Sprache der Delphine, die aus Schnalzen und Pfeifen besteht, und sie lernt schnell, ihn zu erkennen, wenn ihre Mutter oder die Amme ihn rufen.

Oline hat weder Nest noch Schlupfwinkel, sie ist ungeschützt. Deshalb wird sie in den ersten Jahren aufmerksam vom Clan bewacht. Bei der Jagd muss der kleine Delphin besonders diszipliniert sein: Die Haifische greifen gern Jungtiere an, die sie als einfache und leckere Beute ansehen. Aber da haben sie die Rechnung ohne die Delphineltern gemacht, die in schreckliche Wut geraten, wenn sie ihren Nachwuchs bedroht sehen. Gegen sie sind die Haie machtlos, denn die schnelleren Delphine können sie mit Stößen ihrer spitzen Mäuler in den Bauch töten. Niemand kann ihnen wirklich etwas anhaben, nicht einmal der weiße Hai, der Menschenfresser genannt wird. Die Erwachsenen bilden einen ständigen Schutzwall um Oline und das andere Kleine, so dass die beiden sorglos schwimmen können. Wenn sie sich entfernen, ruft ihre Mutter sie zurück, indem sie ihre Namen pfeift, und wenn sie zu wild sind, werden sie mit einem Nasenstüber bestraft.

Die Wege in den Tiefen des Meeres sind großartig, der Clan gleitet scheinbar ohne jede Anstrengung durch sie hindurch. Aber manchmal wird Oline müde. Ohne anzuhalten, jammert sie pfeifend, um die anderen zu rufen, wie ein Menschenbaby. Dann eilt die Mutter herbei, um ihr zu helfen.

Oline schwimmt gern über ihr, zwischen dem Blasloch und der Rückenflosse, dort, wo sie von der Bewegung ihrer beiden Körper mitgezogen wird. Ohnehin bleibt sie meist sehr nah bei der Mutter, dort fühlt sie sich wohl. Ständig empfängt sie Liebkosungen und Zuwendung.

Was für eine schöne Kindheit! Der Clan zieht durch den Süden des Roten Meeres, bis an die Meerenge von Bah al-Mandeb, zwischen Jemen und Äthiopien. Die Landschaften, Inseln und Riffe sind voll von jener unwiderstehlichen Schönheit Ostafrikas.

Olines Mutter achtet darauf, dass die Kleine sich die Wege einprägt, die der Clan zurücklegt, gefährliche Passagen und gute Jagdgebiete. Sie folgt der Gruppe in eine finstere Spalte mit einem faszinierenden Relief: Ihre Mutter lässt sie mit ihrem Sonar eine Echolotung vornehmen. Das Sonar ist ein spezieller Radar, mit dem der Delphin in einem Umkreis von einem Kilometer jeden Gegenstand und jedes Lebewesen erkennen kann. Die Wände der Spalte sind anfangs gerade breit genug, um ein erwachsenes Tier hindurchzulassen, dann erweitern sie sich zur Meeresoberfläche hin. Das Gegenlicht lässt die Silhouetten von drei dicken Napoleon-Lippfischen – ihren Namen haben sie wegen ihrer unvergleichlichen papageigrünen Uniform – erkennen, die sich gefräßig an das Riff herangewagt haben.

Als Oline größer wird, tauchen wie hübsche Sommersprossen braune Flecken auf ihrem Bauch auf. Der andere Kleine, ihr bevorzugter Spielgefährte, ruft sie, indem er aus einer Entfernung von 500 Metern ein Schnalzen mit einer Frequenz von 100 000 Hertz abgibt. Ein Grinsen drückt Olines Freude aus, mit ihm zu spielen. Er rast auf sie zu, bremst erst wenige Zentimeter vor ihr und streift in einer langen Liebkosung mit dem Maul über ihren

Körper. Sie ahmen die Paraden und Zärtlichkeiten der Großen nach, die sie ermutigen und ihnen die Gesten der Liebe zeigen. Es sind die der Fortpflanzung, vor allem aber der Lust: Auch außerhalb ihrer zwei Fortpflanzungsperioden sind Delphine sexuell sehr aktiv.

Die Zeit der Wanderungen ist angebrochen. Die Tümmler legen in fast militärischer Formation etwa hundert Kilometer am Tag zurück, um bessere Fischgründe zu erreichen. Oline fängt schon ihre ersten Fische selbst und beherrscht die Sprache der Delphine perfekt. Wenn sie am Rücken ihrer Mutter klebt, wie ein kleines Känguru in der Tasche, sehen ihre nach oben gezogenen Mundwinkel aus wie ein breites Lächeln.

Während der Wanderung sieht Oline plötzlich in der Ferne einen dicken Delphin, dann mehrere, alle von der gleichen Art. Ihre Mutter entschlüsselt ihre Echolotung: Es ist eine kleine Gruppe von Risso-Delphinen. Sie reisen gern in Gesellschaft der Tümmler. Deshalb schwimmen sie auf Olines Familie zu und schließen sich ihr an. Zum ersten Mal sieht Oline eine andere Delphinart. Sie ziehen gemeinsam weiter. Die Männchen wollen es ausnutzen, dass sie so zahlreich sind, und große Fische jagen. Sie schließen sich alle zu einer engen Formation zusammen. In einer Entfernung von 300 Metern hört Oline erneut große Tiere. Sie denkt, dass das wohl die Beute sein muss, aber als sie näher kommen, sind es Buckeldelphine. Sie sind zu dritt. Von weitem, noch ohne sie zu sehen, erkennt Oline, dass ein Kind in ihrem Alter bei ihnen ist. Sie sprechen fast dieselbe Sprache und schnalzen zur Begrüßung seltsame Töne. Der Kleine taucht auf, trotz seiner cremefarbenen Haut und der geringen Größe ähnelt er Oline wirklich sehr. Die erwachsenen Tiere aber haben eine Fettkugel unter der Rückenflosse und ein hübsches Fell, dessen Farbe alle Abstufungen von Weiß bis Anthrazitgrau enthält. Der Fischfang gleicht nun einer Treibjagd. Eine ungeheure Organisation ist für die Koordinierung so vieler über mehrere hundert Meter verteilter Tiere nötig. Wahrlich ein sehenswertes Ballett.

Die Risso-Delphine kreisen die Beute ein, treiben sie den Buckeldelphinen und Tümmlern zu, die sie dann, immer abwechselnd, mit einem einzigen Schlag ihrer Schwanzflosse erlegen. Die Erwachsenen nehmen ihre Aufgabe sehr ernst, während die Kleinen miteinander Bekanntschaft schließen und spielen. Die Mutter von Oline ist der Meinung, dass die Situation diesmal für die Kinder noch etwas zu schwierig ist ... Deshalb benennt sie ein junges Weibchen als Babysitter. Es wird mit lautem, freudigem Schnalzen und Pfeifen begrüßt. Natürlich bekommen die drei Kleinen einen ordentlichen Anteil an der Beute, Stücke von kleinen Haien, Meeräschen und Krabben. Dann zieht jede Gruppe weiter ihres Weges.

Die Delphinfamilie folgt erneut dem Wind. Ein roter Barsch mit weißen Punkten versucht, sich in eine Spalte zu retten. Aber die Delphine sind satt, sie kümmern sich nicht um ihren leckeren Nachbarn, der so mit dem Schrecken davonkommt. Die Sonnenstrahlen fallen sanft auf die mineralische Landschaft eines Wracks, das wie eine Lanze im Boden steckt.

Plötzlich spannt sich blitzschnell eine Wand unter ihren Flossen. Fischer haben ein Treibnetz ausgeworfen, drei Kilometer lang und dreißig Meter hoch. Keiner der Clanmitglieder begreift, was geschieht. Olines Eltern und drei andere Delphine haben sich sofort in dem Netz aus festem Nylon verfangen. Sie schnalzen den Kleinen zu, sich fernzuhalten. Es muss sehr schnell gehandelt werden, denn ein Tümmler kann nicht länger als zehn, fünfzehn Minuten unter Wasser bleiben, ohne zu atmen; sie drohen alle fünf zu ersticken. In wenigen Sekunden stimmen sich die anderen ab: Sie atmen an der Oberfläche so viel Sauerstoff ein, wie sie können, und tauchen wieder zu den Gefangenen hinab, um die Maschen mit ihren Zähnen durchzubeißen. Unmöglich. Sie bleiben mit dem Maul und den Flossen im Netz hängen und sind nun selbst in dieser Wand des Todes gefangen. Sie sind so nah beieinander, dass sich die Wellen ihres Sonars überlagern. Sie verstehen einander nicht mehr und nehmen auch ihre Umgebung nicht mehr richtig wahr. Es ist grauenvoll. Die Frequenzen vermischen sich, die Kakophonie wird unerträglich, und die Panik verhindert jedes mögliche Entkommen. »So sehr, wie sie das Morden von Menschen verdammen, hassen die Götter den, der Todesqual über die gütigen Herren der Tiefe bringt«, schreibt der griechische Dichter Oppian.

Oline ist verstört, erstarrt vor diesem unglaublichen Schauspiel. Ihre Eltern, ihre ganzen Familie, gefesselt in den Maschen, gefangen von einem gar zu ungerechten Schicksal, dem sicheren Tod so nah. Sie hat Angst. Alle Muskeln verkrampfen sich, sie wird blind, taub, sie ist verloren, sie weint, sie pfeift ohne Unterlass. In ihrem

Taumel hört sie das Durcheinander der Schnalzer und Pfiffe ihrer verzweifelten Familienangehörigen, die mit jeder Bewegung etwas fester von den erbarmungslosen Nylonmaschen umschlossen werden. Durch diesen Lärm hindurch befiehlt ihr die Stimme der Mutter, sofort wegzuschwimmen. Oline hat all ihre Kraft zusammengenommen, um diese letzte Botschaft aus dem lauten Stimmengemenge herauszuhören. Sie begreift, dass sie jetzt allein bleiben wird, allein mit dem anderen Delphinkind, das ebenfalls der Vernichtung entronnen ist.

Beide begeben sich auf eine verzweifelte Flucht nach Norden. Es ist die Zeit des Winterregens. Der Gott des Wassers ist erregt und finster. Sie schwimmen schnell und tief, getragen von der mächtigen Strömung aus dem Indischen Ozean. Sie nähern sich bereits den sandigen Abhängen der Riffe an der Küste des Sinai. Niemand kreuzt ihren Weg bis auf ein paar gutmütige, geschäftige Schildkröten. Sandrochen verschlingen genüsslich ihre im Boden verborgene Beute.

Oline und ihr Freund sind erschöpft. Sie zittern. Vor Müdigkeit und vor Angst. Voller Zweifel schwimmen sie weiter. Oline denkt an die Liebkosungen ihrer Mutter. Ihr Freund kommt herbei und reibt sich an ihr. Er ist sanft. Seine Zärtlichkeit kann die Trauer nicht auslöschen, aber durch sie erscheint es zumindest möglich, noch ein wenig weiterzuleben, sich nicht auf einen verlassenen, unbekannten Strand zu werfen, um dort das Ende zu erwarten. Sie lassen Ras Mohammed hinter sich und erreichen die Tiran-Insel.

Hier beginnt ein Gebiet, das den beiden jungen Delphinen unbekannt ist: der Golf von Elat. 180 Kilometer weiter nördlich zeichnet sich die Bucht ab, die nach den Städten, die an ihrem Ufer liegen, zwei Namen trägt, Akaba in Jordanien und Elat in Israel.

Oline erinnert sich an die Lehrzeit im Clan. Sie hatte versucht, einen Tintenfisch aus seinem Versteck zu ziehen. Ihre Mutter hatte ihr geholfen. Es war ihr erster Tintenfisch, und er schmeckte ihr sehr gut. Manche Delphine mögen Tintenfische überhaupt nicht, aber sie … Wie wird sie jetzt ohne solche Leckerbissen überleben?

Als sie sich dem Golf nähern, stoßen sie auf ein riesiges Hindernis. Eine endlose Wand. Schon wieder eine Wand, so etwas ist offensichtlich gefährlich. Sie schwimmen ungefähr einen Kilometer an ihr entlang und entdecken an der Oberfläche einen freien Weg. Es ist das Kap von Ras Nasrani. Über den Felsen, die bis dicht an die Meeresoberfläche heranreichen, bemerken sie zwischen den aufstrebenden Riffen einen einzigen engen Durchgang. Vorsichtig tauchen sie oberhalb des sandigen Abhangs hinein, werden aber schnell von der Strömung des Golfes erfasst. Die geringe Tiefe und die starke Verdampfung des Wassers verursachen einen Sog, der alles mitreißt, was von Süden kommt. Schon sind sie westlich des Jackson-Riffs. Vorsichtig und misstrauisch drehen sie ihre Runden und beginnen, den Ort zu erkunden.

Seite an Seite schwimmen sie erschöpft über die in Licht getauchten Lederkorallenbänke, inmitten der Schwärme von Zitronengelben Falterfischen. Die Sonne ist durch die grauen Wolken hervorgebrochen und zwingt dem Horizont ihr rundes, purpurrotes Gesicht auf. Oline und ihr Cousin irren hilflos umher. Sie denken nicht daran, zu essen oder sich auszuruhen. Ihr Sonar ist ständig in Alarmbereitschaft. Wie zwei zum Himmel gespannte Bogensaiten warten sie auf ein Zeichen. Sie fühlen sich verloren ohne ihren Clan.

Mehrere Tage warten sie, dann beginnt das etwas ältere Männchen, wieder zu jagen. Es zwingt Oline, die besten Fische hinunterzuschlucken, und lässt sie keine Sekunde allein. All seine Zärtlichkeit schenkt er ihr, denn er hat nur noch sie auf dieser Welt.

Der Frühling ist da. Voller Leben. Das Wasser wird ein paar Grad wärmer. Die beiden Delphine machen große Sprünge durch die Luft und überbieten sich gegenseitig an Einfallsreichtum, Kraft und Gelenkigkeit. Sie drehen Spiralen über dem Wasser, werden in die Luft hinaufgetragen. Allmählich ergreift das Leben wieder Besitz von ihnen. Sie finden neue Freude am Spielen und genießen den Austausch von Zärtlichkeiten. In langen Küssen reibt Oline ihre Nase an der ihres Freundes, sieht ihm dabei tief in die Augen. Mit vorgestrecktem Oberkörper drückt sich der Delphin an sie. Das junge Weibchen entzieht sich. Sie windet ihren Körper, tut so, als wolle sie fliehen. Er versperrt ihr in den Weg, zeigt seine Kraft und seine Geschicklichkeit. Mit raschen und kraftvollen Schlägen der Schwanzflosse fliegt er gleichsam über das Wasser.

Mehr als eine Woche spielen sie so inmitten der Schwärme von kleinen Riffbewohnern. An diesem Morgen bedeckt der Nebel noch die Berge des Sinai und die Tiran-Insel. Oline entfernt sich ein wenig. Nach ein paar Minuten folgt ihr der Freund. Sie wiegt sich anmutig vor seinen Augen. Der Delphin ist ein sehr sinnliches Tier. Schon ist er wieder verführt und grinst vor Zufriedenheit, schraubt sich aus dem Wasser und gleitet über die Oberfläche, um sie zum Lachen zu bringen. Unter Wasser führt er Tanzfiguren aus, wie zufällig berührt er zum Abschluss ihren Körper … Als er sich dann zurückzieht, kommt nun sie mit kaum sichtbaren Bewegungen näher und reibt sich in einer langen Liebkosung an seinem Unterleib. Dann beißt sie ihm zart in Flossen und Schwanz, und er pfeift vor Vergnügen.

Der Delphin stellt sich vor ihr auf, sein Körper bildet ein S: Er will sie beeindrucken. Er schwimmt hinter ihr und dreht sich auf den Rücken, um seinen Bauch an ihren zu legen. Oline weicht aus. Sie schnalzen und zwitschern in ihrer Delphinsprache. Diese Zärtlichkeit scheint ihnen einen neuen Lebensinhalt zu geben.

Mezaina, Frühling 1994

Seit Abid'allah alt genug ist, um zu arbeiten, ist er der Schützling und die rechte Hand von Lamy, einem sehr reichen Beduinen aus der Gegend. Wie es die Tradition des Islam verlangt, stellen die Gesalbten Allahs die Benachteiligten ein und teilen auf diese Weise Reichtum und Arbeitslast mit ihnen.

Lamy gehören ein paar Bungalows in Mahagana, einem Strand neben Mezaina. Er hat den Jungen sehr gern und nennt ihn scherzhaft sein *Enfant terrible*. In seinem »Hotel« empfängt er die ersten israelischen Gäste, junge, coole Hippies mit Blumen im Haar. Auf dem weißen

Sand am Meer stehen ein paar Hütten, dazu einige Süßwasserkanister – das ist alles.

Lamy schickt Abid'allah meist aufs Meer, denn seit seiner frühesten Jugend findet der Junge immer die besten Fische, selbst dann, wenn alle anderen mit leeren Händen zurückkehren. Jeden Morgen steht er sehr früh auf und steigt mit Netzen und Angeln ins Boot. Meistens weiß er nicht, nach welcher Methode er fischen wird, bevor er auf dem Meer ist und die Stimmung des Tages erspürt hat. Er liest am Horizont wie ein Musiker in seiner Partitur, er hört, wie sich in seinem Kopf die Melodie des Fischfangs formt.

Am Nachmittag erledigt Abid'allah alle möglichen kleinen Arbeiten, die ihm sein Chef und Beschützer aufträgt. Er holt Holz oder Kohle und Weihrauch für den offenen Herd, auf dem er selbst kleine Gerichte zubereitet. Er serviert Lamy und seinen Gästen den Tee. Er schichtet auch die Holzscheite für die großen Lagerfeuer auf, damit abends noch lange am Strand diskutiert werden kann.

In Mahagana kennen alle den jungen Taubstummen. Er spricht nicht, kann lediglich ein paar kehlige Laute von sich geben, um seine Gefühle kundzutun oder jemanden zu rufen. Nur in der Zeichensprache kann er sich richtig ausdrücken. Auch wenn ihn die Touristen nicht verstehen, mögen sie den athletischen Burschen, der so ungewöhnlich gut ohne alle Hilfsmittel tauchen kann.

Manchmal verschwindet er unangekündigt in den Bergen, um die Einsamkeit zu genießen und seine Mutter zu besuchen ... Dank der Geschenke von den Touristen, denen er behilflich ist, kann er seiner Familie ein paar Lebensmittel oder Kleidung mitbringen.

In der Erinnerung der anderen liegt sein Unfall weit zurück. Noch lange gab es Gerede am Brunnen, man bemitleidete Jamia Mekhassen: »Er wird gewiss niemals heiraten, der Arme. Ein Glück, dass er fischen geht, so kann er wenigstens für sich sorgen ...« – »Er spricht mit niemandem, nur mit seinen beiden Freunden, die es kaum besser getroffen haben als er ...«

Jamia hat darauf immer mit Schweigen geantwortet und mit einer grenzenlosen Liebe zu diesem Sohn, den sie in seinen Wünschen, seinem Anderssein und seiner Stummheit immer unterstützte. Mit der Zeit hat sie dank ihrer Charakterstärke die Bewunderung und den Respekt der Frauen und damit des gesamten Clans gewonnen. Man hört auf sie, hält sie für weise und vorausschauend. Sie soll Meinungsverschiedenheiten zwischen Nachbarinnen oder Cousinen schlichten. Manche Männer schicken sogar ihre Ehefrau, um heimlich einen persönlichen Rat einzuholen.

Allmählich hat Jamias Ruf auf Abid'allah abgefärbt: Er wird nicht mehr für einen seltsamen Fischjungen gehalten, eher für den Dorftrottel, der von Allah entsandt ist, um die Menschen die Weisheit zu lehren. In der islamischen Gesellschaft hat jede Person ihre besondere Stellung, die ihr Respekt einbringt. Manchmal werden sogar den am wenigsten Begünstigten magische Kräfte zugeschrieben. Der Blinde hilft den Sehenden, jenseits des Sichtbaren zu sehen, der Taube hilft den Hörenden, die göttliche Stimme zu hören, und der Idiot zeigt den Weg zur Einsicht. Dem Koran zufolge sind Behinderungen notwendig, denn ohne sie würde jeder viel weniger schätzen, womit er gesegnet ist.

Als Abid'allah eines Tages aus dem Gebirge zurückkommt, trifft er seinen Bruder Id, der völlig aufgelöst ist. Schon von weitem macht er ihm wilde, unverständliche Zeichen ... »Mama!« Abid'allah versteht nicht: »Was ist los?« Id fordert ihn auf, sich erst einmal zu setzen. »Ich habe dich heute früh überall gesucht. Mama hat mir mitgeteilt, dass sie bald sterben wird, dass ein Lastwagen sie überfahren wird, auf der großen Straße, die zum Hafen führt ...«

»Das ist doch Unsinn! Warum bist du so aufgeregt?«, fragt Abid'allah, der schon wieder aufgestanden ist, um zu gehen.

»Ich hatte mit dem Großonkel aus Bir Zrir verabredet, dass ich mir seine Kamele ansehe, ich wollte morgen für ein paar Tage hinaufgehen ... Jetzt traue ich mich nicht mehr weg!«

Abid'allah setzt sich wieder: »Hör mal, das ist doch idiotisch. Sie hat geträumt, na und, wir haben doch alle mal einen Alptraum, oder?«

Id nickt, ohne recht überzeugt zu sein. Er wird nach Bir Zrir gehen.

Eine Woche später, in einer schwarzen, mondlosen Nacht, ist das ganze Dorf in Tränen aufgelöst.

Um acht Uhr abends überfuhr ein Tankwagen Jamia Mekhassen auf der großen Straße. Sie war auf der Stelle tot. Es gab kaum ein Geräusch, höchstens das Rascheln ihrer Kleider, ihr Körper sank weich auf den Asphalt. Der ägyptische Fahrer kam aus Alexandria, er war müde und hatte sie nicht gesehen, die Nacht war noch finsterer als sonst. Seine Ehrlichkeit entlastet ihn. Mezaina ist fassungslos.

Abid'allah rührt sich nicht. Id irrt durch den Innenhof, läuft immer im Kreis, als suche er einen Ausweg aus seinem Schmerz. Ihr Vater verkriecht sich in einem Zimmer. Er lässt niemanden an sich heran, hält sogar seine Kinder auf Abstand. Bei den Beduinen ist es nicht immer erlaubt, seine Trauer zu zeigen, Standhaftigkeit gehört zu den höchsten Werten. Aber auch wenn man es zu verbergen sucht, das Unglück ist in ganz Mezaina unendlich groß. Jamias Prophezeiung, die sich so schnell erfüllt hat, stürzt Id und Abid'allah in einen Abgrund von Fragen.

Wie es die islamische Tradition verlangt, versammeln sich am nächsten Tag nach dem Mittagsgebet alle Familien des Clans von Nuweiba Mezaina auf dem ausgedörrten, mit Steinstelen und großen *Radjoums* übersäten Gelände, um die in ein Laken gehüllte Jamia zu beerdigen. Die Frauen weinen und schreien den Schmerz für alle hinaus. Ein ägyptischer Mufti aus der Gegend spricht Gebete. Die Männer in weißen Galabyas stehen in einer Reihe auf der einen, die Frauen mit schwarzen Schleiern auf der anderen Seite. Die Trauernden treten ans Grab, und jeder hinterlässt ein wenig trockene Erde und ein paar salzige Tränen auf dem Weiß von Jamias letztem Schleier.

Als das Gebet sich dem Ende zuneigt, erhebt sich ein Südwind. Will er Jamia mit sich nehmen? Südwind ist hier sehr selten, er macht die Menschen verrückt. Er ist heftig und trocken, treibt große Wellen vor sich her, die sich an den Stränden brechen und die Küste verschlingen. Nach der bescheidenen Zeremonie gehen alle nach Hause, um Schutz zu suchen. Wenn der Himmel mit solcher Kraft zuschlägt, sind alle Menschen bekümmert und in sich zurückgezogen. Sie müssen das Ende des Unwetters abwarten, kauern in ihrem Haus, auf dem Boden ihres Zeltes oder hinter dem Rücken ihres liegenden Kamels. Mehrere Tage ist es unmöglich, zu arbeiten oder umherzuziehen, die Natur muss ein jeder respektieren.

Als sich der Wind endlich legt, nimmt das Leben allmählich wieder seinen gewohnten Lauf, als hätte nichts ihn unterbrochen. Einzig im Lächeln der Männer und im Lachen der Frauen, das sich über die Mauern der Innenhöfe erhebt und durch die Dorfstraßen schallt, finden sich noch unmerkliche Zeichen des Aufatmens. Aber richtige Erleichterung gibt es diesmal nicht. Dieser Wind hat einen anderen, reinen Hauch aus Mezaina mit sich hinweggetragen, Jamia, die Vielgeliebte.

Nach dem Begräbnis hat sich die ganze trauernde Familie im Haus versammelt, um Jamia sieben Tage lang zu beweinen. Die Nachbarinnen kochen Tee und Speisen, sie helfen dem Mann und den Kindern ihrer verstorbenen Freundin, die unannehmbare Wirklichkeit des Lebens anzunehmen.

Mit knappen Gesten verkündet Id seinem Bruder die letzten Worte ihrer Mutter: »Ehe ich in die Berge ging, hat Mama sich von mir verabschiedet und gesagt: ›Alle Menschen, die zu dir kommen, sind von Allah geschickt, weise sie nicht ab. Sei nett zu allen.‹ Ich denke die ganze Zeit darüber nach ...« Abid'allah ist erstaunt. Warum hat sie ihm, ihrem Lieblingssohn, nichts gesagt?

Abid'allah wiederholt diese Worte sogleich seinen

Freunden Muhamad und Jouma. Sie lachen nur: »Id ist verrückt geworden! Nimm ihn nicht so ernst!« Muhamad fügt hinzu: »Was soll denn das für eine Weisheit sein? … Wenn der Kerl ein Gauner ist, musst du ihn dann etwa trotzdem aufnehmen? Die Erinnerung an deine Mutter sei gesegnet, aber ich glaube nicht, dass sie so einen Unsinn erzählt hat.« Diese Geschichte bildet von nun an den Mittelpunkt in Ids Leben. Sie ist seine tägliche Mahnung, er erzählt sie allen, die sie hören wollen. Abid'allah ist tief getroffen von Jamias Tod, er ist noch ruheloser als zuvor. Man sieht ihn immer seltener in Mezaina. Wenn er für Lamy fischen war, treibt er sich den ganzen Tag im Meer herum. Er fühlt sich einsamer denn je und hat nicht einmal mehr Lust, mit seinen beiden Freunden zusammen zu sein.

Sein Vater bleibt in seiner Hütte, die Traurigkeit hat ihn vollkommen gelähmt. Nach der Trauerwoche und ein paar Wochen des Eingeschlossenseins kommt die Cousine des alten Mekhassen, die *Dotora*, um mit ihm über Abid'allah zu sprechen. »Du kennst ihn, er würde seinen Kummer nie zugeben. Er bittet nicht um Hilfe, er ist wie sein Vater, er schließt sich ein. Du im Haus. Er im Meer. Ihr habt den gleichen Charakter. Aber er ist jung, er ist wilder als du und auch empfindlicher! Du musst mit ihm reden!« Die *Dotora* spricht überzeugend. Sie ist auch im Namen der anderen Frauen der Familie gekommen. Ihnen allen ist die Verzweiflung des Kleinen aufgefallen. »Du weißt, wie sehr er an seiner Mutter hing. Du hast dich nie um ihn gekümmert. Heute hast du keine Wahl mehr. Lade ihn zum Tee ein, wie es sich für einen Vater gehört.« Der Alte hält die Augen gesenkt. Die Stimme der Weisheit spricht, er schweigt. Er überlegt. »Ich bin zu traurig, um mich um ihn zu kümmern …«

»Du hast keine Wahl …«, murmelt die *Dotora.*

Er senkt den Kopf noch etwas tiefer. »Einverstanden. Ich gehe morgen zu ihm an den Strand.« Das ist das Wort eines Mekhassen. Die *Dotora* hat bekommen, was sie wollte. Sie verabschiedet sich von dem Alten und verlässt mit kleinen Schritten den Hof der Mekhassen, um in einem anderen alles zu erzählen.

Die Berge enden hier sehr abrupt. Sie lassen ihren Sand zum Strand strömen. Der Alte weiß erstaunlicherweise, wo er seinen jüngsten Sohn finden kann. Er geht mit sicherem Schritt, sein Rücken ist unter den Erinnerungen gebeugt. In gleichmäßigem Auf und Ab streichelt das Meer die Kieselsteine, das leise Plätschern steigert sich zu einem lustvollen Rauschen, ehe es sanft wieder versiegt.

Dort sitzt Abid'allah. Nach dem Aufstehen putzt er sich die Zähne und geht schwimmen. Es ist wie ein Ritual. Der Anblick seines Vaters lässt ihn aufspringen. Er lächelt. Der Alte reicht ihm die Hand und umarmt ihn kurz. In der Zeichensprache sagt er zu ihm: »*Sabahil'kher,* Guten Tag! Wie geht es dir, mein Sohn?« Abid'allah antwortet: »Gut!« Dann korrigiert er sich: »Ganz gut, Allah sei Dank!«

»Abid'allah, ich bin auch traurig … sehr traurig, aber wir werden weiterleben, damit sie immer stolz auf uns sein kann, nicht wahr?«

Abid'allah schwankt zwischen Lachen und Weinen, er hat im Moment keine anderen Ausdrucksmöglichkeiten für seine Gefühle. Sie setzen sich dicht nebeneinander, wie zwei Freunde, die den Mädchen auf der Strandpromenade hinterhersehen. Sie blicken auf das Meer und auf die jungfräulichen Weiten, die es aufnehmen wie eine bewegliche, leuchtende Schatulle. Jeden Morgen, jeden Abend ändert sich die Landschaft von Mezaina, und so ist jeder Tag anders als der vorangegangene.

Schon eine ganze Zeit lang ziehen sich Abid'allah und Id in ihren Hof zurück, um dort mit großen Gesten zu diskutieren. Offensichtlich wollen sie nicht belauscht werden, und dazu müssen sie sich verstecken, denn die Zeichensprache hat den Nachteil, dass man sie auch von weitem versteht. Trotzdem kennen sehr bald alle Nachbarn ihr Geheimnis. In einem Beduinenclan ist es unmöglich, irgendetwas zu verbergen. Das ist wohl der Hintergrund der zahllosen miteinander vermischten und ständig veränderten Legenden und Geschichten, die in der Gegend kursieren: Wenn man hier Nachrichten verbreitet, kann man sicher sein, dass niemand die Wahrheit erfährt.

Die beiden Brüder haben beschlossen, ein Café zu bauen, einen gastlichen Ort des Beisammenseins. Dazu wollen sie das kleine Steinhaus ihrer Mutter herrichten, das auf dem Stückchen Strand von Mezaina steht, das ihrer Familie gehört.

»Id, das ist ein unsinniger Einfall. Wer wird wohl mitten im *Rub el-Khali** essen und trinken kommen? Niemand besucht jemals diesen Strand, das weißt du genau.« Onkel Ibrahim ist wütend. Für ihn gibt es keinen Zweifel: »Du wirst das bisschen Geld verschleudern, das du noch hast. Und Abid'allah das, was er nie besessen hat!«

* »Leeres Land«, große arabische Wüste ohne Brunnen

Aber Id und Abid'allah sind fest entschlossen. Sie kaufen Baumaterial und arbeiten jeden Tag nach dem Fischen und der Nachmittagsruhe bis zum Einbruch der Nacht. Ihre Hartnäckigkeit weckt schließlich bei Onkel Ibrahim ebenso wie bei den Suleiman und allen anderen Nachbarn eine gewisse Bewunderung und etwas Mitleid. »Was hat sie nur gepackt?«, fragen sie sich ratlos.

Alle denken, dass der Tod der Mutter sie sehr verwirrt hat und sie die erstbeste Idee verwirklichen, die ihnen durch den Kopf geschossen ist. Aber der Vater unterstützt sie in ihrer Verrücktheit: »Sie haben sicher ihre Gründe. Mein Großer ist kein Idiot, und Abid'allah hatte schon immer eine gute Intuition. Ich will sie ihre Erfahrungen machen lassen, das haben wir alle getan …« Er ist der Einzige, der ihre Entscheidung rechtfertigt.

Nach ein paar Wochen harter Arbeit thront das Häuschen der Mekhassen auf dem Sand, sechs Meter vom Riff entfernt. Mit den großen, ordentlich übereinander geschichteten alten Steinen besitzt es einen ganz eigenen Charakter – genauso wie der ungewöhnliche Standort und die Verrücktheit, aus der heraus es entstanden ist.

Jetzt muss es eingerichtet werden. Id und Abid'allah gehen auf den Markt am Hafen von Nuweiba, um von den ägyptischen Händlern gewebte Baumwollteppiche aus Indien zu kaufen. »Das ist ja unverschämt! Sie kosten mehr als die Mauern des Hauses!«, stellt Id fest, als sie vor den Ständen stehen. So wird der Boden eben mit feinem Sand bedeckt, den gibt es umsonst.

Sie zersägen alte Palmenstämme, die während der Wintergewitter umgestürzt sind, um einen Hof vor dem

Haus abzugrenzen. Sie haben einen Elektrokocher, Kaffee, Tee und Zucker für die Küche mitgebracht. Das Wasser wird an der Quelle geholt und in Kanistern gelagert.

Schließlich ist es soweit: Sie erwarten die ersten Gäste. Die beiden Brüder wechseln sich ab: Id ist morgens an der Reihe, wenn Abid'allah für seinen Chef Lamy auf Fischfang ist, Abid'allah am Nachmittag nach der Siesta. Aber ihr kleiner Hafen des Friedens bleibt leer. Abgesehen von ein paar neugierigen Beduinen, die vorbeikommen, um das Werk der beiden Brüder anzuschauen, erscheint niemand, kein einziger Tourist.

»Wir haben euch ja gewarnt«, sagt Ibrahim lachend, obwohl ihm seine beiden Neffen eigentlich Leid tun. Abid'allah schickt ihn mit ein paar deutlichen Gesten zum Teufel: »Du willst uns schon aufgeben, ehe wir richtig angefangen haben! Du wirst schon sehen, *Inch'allah*, wie das Café zu einer Karawanserei für die ganze Region wird! Alle werden hier vorbeikommen, um sich auszuruhen und neue Kräfte zu sammeln, um unseren Strand und unsere Gastfreundschaft zu genießen.« Die Nachbarn der Mekhassen haben viel Verständnis für Abid'allah, sein Ruf als Trottel entschuldigt ihn: Dieses Haus ist einfach nur ein ungeschickter Versuch, seiner Mutter zu gedenken ... von ihrem Geld. Aber die Beweggründe seines Bruders Id sind ihnen weniger klar. Er ist älter und gilt als intelligent, er müsste doch verstehen, welches Fiasko da auf sie zukommt ...

An einem Morgen im Mai sammeln die Männer die feinen Netze zusammen, Haufen dünner Fäden, die vor jedem Fischfang entwirrt und gereinigt werden müssen. Sie liegen auf den Schultern von Muhamad, Jouma und Abid'allah, den Jüngsten. Den Netzen wird Zauberkraft zugeschrieben, sie bestimmen über den bevorstehenden Fang. Jeden Tag schenkt Allah den Beduinen ein bisschen von seiner göttlichen Schöpfung, um sie zu ernähren und ihren Glauben zu stärken. Barsche, Thunfische oder Schwertfische sind für sie ein Schatz, der erst in den Körben zappelt und dessen silbriger Glanz dann zu Silbermünzen wird.

Im Boot herrscht Schweigen. Keine Geste. Alle Augen durchforschen das Blau. Es ist der alles umfassende Blick der Seeleute und der Bewohner der Wüste. Auf dem Meer und in der Wüste ist es nutzlos, gezielt und analytisch geradeaus vor sich zu schauen, wie es in der Stadt üblich ist. Die großen freien Räume verlangen einen offenen, schwebenden Blick in einem Umkreis von mindestens 180 Grad. Dann kann man das Glück haben, irgendwann eine Bewegung, eine Veränderung wahrzunehmen, das Glänzen eines Thunfischschwarms unter der Oberfläche oder die Rückenflosse eines Hais, die sich für zwei Sekunden zum Himmel emporstreckt. Die kleinen Netze sind bereits zwischen den Riffen gespannt, die Fischer halten die Nylonfäden in den Händen. Aber dieser Donnerstag ist kein guter Tag, und nichts bewegt sich zwischen den Maschen. Das Lächeln der Fischer bemisst sich am Glück des Augenblicks. »Allah gibt, Allah nimmt.« Manche Tage sind traurig für die Menschen. Am Abend wiegen die nassen Netze auch leer so viel wie das ganze Meer. Morgen wird es besser.

Später an diesem Tag fahren Abid'allah und Muhamad mit Taucherbrille und Schnorchel hinaus, um beim Tauchen ihr Glück zu versuchen. Vor dem Kap von Ras as-Satan breitet die Sonne ihren königlichen Glanz auf den Gipfeln der Felsen aus. Das Licht strömt zwischen die Wände aus zerklüftetem Granit. Die Freunde unterhalten sich in ihrer ausdrucksstarken Sprache, reden über dies und das, über den neusten Dorfklatsch: Onkel Ibrahim wird ein sehr junges Mädchen heiraten. Wie mag wohl ihr Gesicht unter dem Schleier aussehen? Abid'allah meint, sie müsse hässlich sein, wenn sie einwilligt, einen solchen Schwätzer zum Mann zu nehmen …

»Irgendetwas geht hier vor sich!«, bedeutet ihm Muhamad. Ein Körper taucht ins Wasser. Ein Hai schwimmt dicht unter der Wasseroberfläche. Nein! Es sind zwei. »So nah an den Riffs, das ist nicht normal«, kommentiert Abid'allah. Die Tiere scheinen aus einer Entfernung von etwa fünfzig Metern das Boot zu mustern … Sie nähern sich in exakten konzentrischen Kreisen. Die beiden jungen Männer bekommen Angst. Das Boot erscheint ihnen plötzlich wie eine Nussschale. Das ist diesmal kein Spaß. Sie sehen einander an und haben denselben Gedanken: Flucht. Hastig paddeln sie in Richtung Dorf.

Die Flammen züngeln in der Nacht, als sie an der Feuerstelle im Dorf von ihrem Abenteuer erzählen. Die Alten nicken wissend: »Die Hammerhaie, die mit dem breiten Maul, die sind gefährlich, die anderen nicht so sehr … es kommt auf ihren Appetit an und auf Allah.« Blaue Funken sprühen. Der Widerschein des Mondes schwimmt in der nachtblauen Teekanne.

Das Morgengrauen ruft wieder zum Fischfang. Abid'allah weckt seinen Freund. Ihr Boot durchschneidet die glatte, dichte Meeresoberfläche. Geduld ist nötig, bis Muhamad munter wird. Der Tee in der Thermosflasche ist süß wie die Liebe. Über ihnen schwebt der Horizont. Abid'allah springt auf: »Dort, im Süden, die beiden Rückenflossen!« Sein ausgestreckter Arm löst sich fast aus dem Schultergelenk, er ist außer sich. Er will näher heran, und Muhamad hat noch nicht die Energie, sich zu widersetzen.

Zwei Dinge nur interessieren die Menschen wirklich: den Tod herauszufordern und ihn zu vergessen. Die beiden parallel nebeneinander stehenden Flossen scheinen ihre Gäste zu erwarten, die jungen Männer sind mit einem Mal weniger ängstlich.

Abid'allah und Muhamad haben sich leicht nach vorn geneigt und durchbohren das Wasser mit den Blicken ihrer weit aufgerissenen Augen: »*Abu Salam!* Es sind keine Haie! Keine Haie«, wiederholen sie nacheinander, um sich in ihrer Vermutung zu bestätigen. *Abu Salam*, »Vater des Friedens«, nennen die Beduinen den Delphin. Abid'allah und Muhamad halten den Atem an, sie sind minutenlang voller Staunen. Das Delphinpaar entfernt sich und lässt zwei verblüffte Menschen auf einem Boot im Meer von El'Hibek zurück. Von diesem Tag an wird Abid'allah jeden Morgen und jeden Abend auf das Meer hinausfahren – um zu fischen, wie er es gewohnt ist, … aber vor allem, um die Delphine zu sehen.

Die ganze Familie Mekhassen fährt im Jeep nach Ras Burka, um dort ihre Netze in den sehr fischreichen Gewässern auszulegen, wo der Fischfang verboten ist: Es ist

Freitag, heiliger Tag für die Moslems und Ruhetag für alle ägyptischen Beamten, auch für die Meeresinspektoren. Das muss man ausnutzen. An den anderen Tagen der Woche heißt es, sich irgendwie zu einigen, mit Hilfe von Bakschisch und langen, wortreichen Diskussionen.

Abid'allah träumt auf der Rückbank des Landrovers vor sich hin, der Wind bläst ihm um die Nase. Plötzlich glaubt er auf dem Meer die beiden Flossen zu sehen … Nichts ist sicher, wenn einem die Geschwindigkeit die Tränen in die Augen treibt.

Aber der Fang ist phantastisch, der Wagen ist mit Kalmaren und anderen Fischen beladen, und die Familie kehrt hochzufrieden nach Nuweiba Mezaina zurück. Auf dem Rückweg zeigt Abid'allah, der unentwegt das Meer beobachtet, seinem Bruder Id und seinen Cousins die beiden Flossen, die wie scharfe Klingen durch das Wasser schneiden und sich parallel zu dem Fahrzeug am Ufer bewegen. Die Delphine scheinen Abid'allah im Abstand von einigen hundert Metern zu folgen, sogar jetzt, wo er an Land ist. Geschmeichelt und verwirrt beschließt er, die Begegnung mit ihnen zu wagen.

Wieder ist er im Boot, wieder mit dem treuen Freund Muhamad. Wieder liegt das Meer unter ihnen und über ihnen der von aufschäumender Gischt diesige Himmel. Frisch gefangene kleine Fische liegen auf dem Boden des Bootes. Abid'allah ist aufgeregt wie immer. Aber die Delphine kommen nicht. Es helfen weder Geduld noch Allah. Als sie enttäuscht nach Mezaina zurückkehren, beschließen sie, zur Schenke zu gehen. Sie betrinken sich mit Wodka, der fast wie Brennspiritus schmeckt und vom Islam strengstens verboten ist.

Am nächsten Tag sieht es schlecht mit ihnen aus. Das ist so ein Tag, an dem man am liebsten schlafend den Messias oder aber die Apokalypse erwarten würde. Der Kopf ist so dick wie der eines Hammerhais, die Leber fühlt sich an wie ein vergammelter Polyp, die Augen sind rot und geschwollen wie zwei Kugelfische ... Die Sonne gleicht einem Amboss und die Erde einem Graben mit fließendem Sand. Eine Schar entsetzter Kinder rennt durch die Straßen: »Er ist tot! Er ist tot!« Das halbe Dorf folgt ihnen ans südliche Ende des Strandes.

Dort liegt ein Körper. Eine riesige weiche Masse, blaugrau, glatt, glänzend. Ein *Abu Salam* ist auf den Steinen gestrandet, für immer eingeschlafen. »Allah gibt, Allah nimmt«, murmeln die Beduinen. Sie können nicht um ein Tier weinen, wenn das Leben schon zu den Menschen so grausam sein kann, aber die Gewalt dieses Anblicks überwältigt sie. Abid'allah versucht, den großen Körper zu bewegen und ihn wieder zum Atmen zu bringen. Das schöne, kräftige Tier hat keine sichtbare Verletzung.

Abid'allah überlegt, wie ein Delphin stirbt, wenn kein Feind ihn angegriffen hat. Er fragt sich auch, wo der andere Delphin ist. Die Weisen erklären ihm, dass man schon früher Delphine oder Wale gefunden hat, die scheinbar grundlos an den Stränden von Dahab oder in den Dünen nördlich von Mezaina gestrandet waren. Der alte Mekhassen gibt seine Erfahrungen weiter: »Kein Meeresbewohner kann einen Delphin töten, außer einer wütenden Gruppe anderer Delphine. Sogar die Haie verziehen sich bei ihrem Anblick. Delphine können mit Stößen ihres Mauls in den Bauch töten. Ein Hai ist weder schnell noch intelligent genug, um sich dagegen zu wehren. Dieser hier ist gewiss an Altersschwäche oder an einer Krankheit gestorben.« Onkel Ibrahim erzählt weiter: »Es gibt da aber auch noch ein Rätsel: Manchmal werfen sich die Delphine lebendig auf den Strand, allein oder in ganzen Gruppen. Es sieht so aus, als würden sie irgendwie die Orientierung verlieren, vielleicht bei Abweichungen im Mondzyklus oder bei Sonneneruptionen … Sie streben dann so hartnäckig aufs Land zu, dass niemand sie daran hindern kann … *Allah Ister*, möge Allah uns davor bewahren.«

Abid'allah ist vollkommen niedergeschlagen. Eine grenzenlose, unermessliche Traurigkeit hat ihn erfasst.

Er wirft zum Zeichen der Trauer einen Blick auf das Meer hinaus. Abid'allah denkt an den anderen Delphin. »Morgen …«, sagt er mit einer kaum angedeuteten Geste.

Am einsamen Strand, wo Sand und Kieselsteine einander abwechseln, ragen ein paar hohe, verständnisvolle und großmütige Palmen empor. Ihre Wedel besänftigen das Leben der Menschen. Das Holzboot ist blau, die Farbe des Himmels. Deshalb können die Dschinns es wohl auch nicht erkennen und lassen die Menschen in Ruhe: Ihre unheilvollen Blicke bleiben fern von den Beduinen. Das Boot schaukelt auf den Fluten, die schweren Holzruder knarren.

Vor dem Kap von Ras as-Satan streichelt eine schwarze Gestalt mit ihren Bewegungen die Wellen. Ein wunderschöner kleiner Delphin umkreist das Boot. Die wahre Schönheit hat keine Worte, ihr gehört das Lächeln in den

Blicken, die die beiden Männer auf sie richten. Endlich kehrt das Leuchten in Abid'allahs Augen zurück.

Sie sehen einander ratlos an: »Was tun wir?« Muhamad zuckt zum Zeichen seiner Hilflosigkeit die Schultern. »Wie spricht man mit einem Delphin?« Nun zieht Abid'allah die Brauen hoch ... Der Delphin lässt sie nicht aus den Augen, Kopf und Blasloch sind ständig über der Wasseroberfläche.

Abid'allah meint: »Er sieht uns wirklich an, er bleibt da, um mit uns zu sprechen ...« Muhamad ist verwirrt, trotzdem versucht er sein Glück: Er wirft einen Fisch ins Wasser. Der Delphin ignoriert das Geschenk. Er versucht es erneut: Auch der zweite Fisch schwimmt unbeachtet davon. »Er hat keinen Hunger!«, erklärt er. »Vielleicht ist er traurig wegen dem Männchen gestern.« Minutenlang betrachtet Abid'allah das Tier, das in regelmäßigen Kreisen um sie herum schwimmt.

Mit ihrem Boot voller zappelnder Wittlinge kehren sie zurück ans Festland, um einen heißen Tee zu trinken. Mittags ist das Rote Meer zuerst grauviolett, dann mischt sich Blau hinein und schließlich wird es von zinnoberroten Streifen überzogen, die bald das Abendrot verschlingt.

Wie die meisten traditionellen Fischer auf der Welt können viele Beduinen nicht schwimmen. Für sie sind die Meerestiefen eine gefährliche Welt, in der Unheil bringende Geschöpfe leben. Die Alten raten Abid'allah und Muhamad deshalb, dem Delphin nicht zu nahe zu kommen. »Niemand macht das«, erklärt Onkel Ibrahim. »Delphine sind gut zu den Menschen, sie sind die Einzigen, die uns vor den Haien schützen. Wir Beduinen haben sie nie gejagt.« Er lächelt gerührt: »Aber die Logik des Meeres ist nicht die Logik des Menschen: Das ist die Vernunft Allahs. Wir Menschen können das nicht verstehen. *Allah Akbar*, Allah ist der Größte!«

Muhamads Vater nickt: »Die Meeressäugetiere sind unberechenbar.« Die Dämmerung gibt ihm Recht: Unberechenbar, am Rand des großen Blau, patrouilliert der Delphin über dem Riff von Nuweiba Mezaina, die Kinder haben ihn gesehen.

Morgens begleitet er nun immer die beiden Freunde zum Fischfang, aber ihre Geschenke lehnt er jedesmal ab. Sie haben sich an seine schöne, stille Anwesenheit gewöhnt. Muhamad, der Besonnene von den beiden, scheint sich keine Fragen mehr zu stellen. Aber Abid'allah, der Leidenschaftliche, will das Schicksal herausfordern. Er fühlt sich von dem Delphin angezogen wie von einer Geliebten, er ist wie besessen von seiner Anwesenheit.

Bei den Beduinen hat man noch nie einen Menschen erlebt, der mit den Geschöpfen des Meeres spricht. Aber Abid'allah ist ein bisschen der Dorftrottel, er macht alles, was die anderen zu tun vergessen. Um sich sein Verhalten zu erklären, wiederholen die Bewohner immer wieder voller Anteilnahme: »Seit dem Unfall versteht er nichts mehr, weder mit den Ohren noch mit dem Kopf …«

Spitze von Ras as-Satan, Juni 1994

Der Ramadan beginnt, der Monat des Fastens und der nächtlichen Feste. Das ganze Dorf ist mit den Vorbereitungen beschäftigt. Die Nacht zeigt ihren noch zarten

Schleier und schwärzt die Erde wie mit zarten Kohlestrichen. In der schroffen Bucht von Ras as-Satan wartet Abid'allah. Er steht bis zu den Knien im schwarzen Wasser und lässt kleine Steine über die Oberfläche springen.

Das Delphinweibchen weiß, dass er da ist und nach ihr sucht. Sie atmet heftig und stößt Luftwolken durch das Blasloch, langsam nähert sie sich dem scheinbar schlafenden Riff. Ihr Atem gleicht dem einer Gambe oder dem des Musikers, der im Rhythmus seines Instruments Luft holt.

Abid'allah bewegt sich langsam auf sie zu. Zögernd streckt er den Arm aus. Sie bietet sich ihm an, gleitet über seine Hand. Sie entfernt sich und kommt zurück. Sie kommt noch näher heran. Sie schwimmt davon. Von weitem sieht sie ihn mit leuchtenden Augen an, dann verschwindet sie in den dunklen Tiefen. Minutenlang ist er wie erstarrt, seine Hand ist geöffnet, der Blick auf die Wellen geheftet.

Abid'allah wird nie wieder derselbe sein wie zuvor.

Später erzählt er, wie sie sich fünf Wochen lang bei Einbruch der Nacht am Strand trafen und einander berührten, bevor der Delphin dann wieder verschwand. Immer wieder beschreibt er mit lebhafter Freude diese magischen Augenblicke: eine Begegnung mit zärtlichen Gesten, eine regelmäßige Berührung, eine tägliche Liebe, unverzichtbar wie eine bislang unbekannte Nahrung …

Schon haben die Kinder die unglaubliche Neuigkeit in ganz Mezaina verbreitet. Schweigend beobachten die Beduinen aus der Ferne das Schauspiel. Abid'allah spielt mit dem Delphin, er streichelt mit der Handfläche und den

Fingerspitzen seinen Rücken und die Flosse. Das Tier reibt sich an ihm und verschwindet im endlosen Blau.

Die nächtlichen Begegnungen zwischen Abid'allah und seinem Delphin verwandeln sich schnell zu einer Legende, die die Alten erzählen werden, wenn sie in ihre Berge zurückkehren.

Der Himmel ist schneeweiß, er mischt sich mit dem hellgelben Boden. Es ist so warm, dass man glaubt, vor Fieber zu frieren: Die Extreme begegnen einander, um die Menschen aufzuwecken.

An diesem Morgen ist Abid'allah getaucht, um mit seiner Delphinfreundin zu schwimmen, aber sie hat sich wieder entfernt … Diesmal ist er ihr, ohne zu zögern, in die Meerestiefen gefolgt, hinunter zu den sich sanft wiegenden Korallen und den dichten Schwärmen bunter Fische. Sie schwimmt langsam und lässt sich stundenlang von dem Taucher verfolgen. Der junge Mann ist völlig durcheinander. Die Nähe dieses gewaltigen, kraftvollen und friedfertigen Tieres verwirrt ihn. Aber er ist auch beunruhigt, denn sie sieht sehr mager aus. Man sieht die Rippen, und er glaubt, dass sie krank ist. Er beschließt, ihr etwas von seinem Fang zu bringen, um sie aufzupäppeln.

Nach der Nachmittagsruhe wirft er der Freundin kleine Fische hin. Seit sie gemeinsam getaucht sind, macht sie dieses neue Spiel mit. Da Delphine nicht kauen, verschlingt sie zum großen Erstaunen seines Beschützers die mitgebrachten Leckereien mit einem einzigen Biss. Aber die Fische scheinen in der Beziehung zu diesem Menschen nicht wirklich zu zählen. Dieser Delphin bevorzugt die Liebkosungen!

Abid'allah ist fröhlicher geworden. Gelöst geht er durchs Dorf, grüßt die Nachbarn mit einer Handbewegung, lacht mit allen. Nach so vielen traurigen Jahren erleben ihn seine Familie und das ganze Dorf endlich wieder neugierig und voller Lebensfreude. Die Spiele mit dem Delphin scheinen sein Herz jeden Tag etwas weiter zu öffnen. Auch Muhamad empfindet eine natürliche Zuneigung zu diesem geheimnisvollen Tier. Er hat als erster verstanden, welchen Platz es im verletzten Herzen seines Wahlbruders eingenommen hat.

Abid'allah fährt jetzt mehrmals am Tag aufs Meer hinaus, um das Delphinweibchen zu treffen und mit ihr zu tauchen. Er liebt sie zärtlich und kann nicht mehr auf ihre Rendezvous verzichten. Allmählich entwickelt er mit ihr eine eigene Sprache. Als Gehörloser hat er immer mit seinem Körper gesprochen. Deshalb fällt es ihm leicht, sich mit einem Delphin zu verständigen. Ihre Zeichen und ihre Zärtlichkeiten unter Wasser sind nichts als eine andere Sprache, die nur ihnen beiden gehört, körperlich, sinnlich, von Dritten kaum zu verstehen! Ein Geheimnis ohne Worte.

Sie reiben sich aneinander, sie spielen, sie schwimmen wie Kinder um die Wette bis zum Strand von Mezaina. Stundenlang kann man sie weit draußen aus dem Wasser auftauchen und wieder verschwinden sehen, wie Musiknoten auf einer Partitur.

Abid'allah lacht viel mit seiner neuen Gefährtin. Sie scheint die kräftigen Laute zu lieben, die der Stumme fast unkontrolliert ausstößt. Er jauchzt, wenn sie ihn mit der Schwanzflosse bespritzt. Er hechelt laut, um zu zeigen, dass er fast ertrinkt: Dann trägt sie ihn auf ihrem Maul an die Oberfläche und lässt ihn auf einmal los, um ihm so zu sagen: »Ich habe schon verstanden, dass du nur spielst …«

Er versucht, Töne von sich zu geben, um sie zu umschmeicheln. Er öffnet den Mund und tut so, als würde er zu ihr sprechen. Auf Englisch heißt Delphin *dolphin*, und Abid'allah versucht, sie so zu rufen, wie es auch die anderen im Dorf tun, indem er das Wort mit den Lippen formt.

Delphine sind berühmt für ihr wichtigstes Organ, das ihre Hauptinformationsquelle darstellt: ihr außerordentliches Ohr, eine ganz kleine Öffnung hinter den Augen. Ihr Gehör ist zehnmal besser als das menschliche. Sie finden den größten Spaß an akustischen Spielen. Aber dieser Delphin spricht nicht, schnalzt nicht, pfeift nicht. Er hat verstanden, dass Abid'allah nichts hört und die Delphinsprache ohnehin nicht verstehen würde. Dafür liebt er es, die Rufe und das Lachen des jungen Mannes zu provozieren, um daran teilzuhaben. Nach mehreren Wochen des gemeinsamen Spiels beginnt Abid'allah, ohne sich dessen bewusst zu sein, unartikulierte, kehlige Laute auszustoßen, die fast wie Os und Is klingen. Zaghaft antwortet nun auch der Delphin mit kleinen schrillen Schreien und streichelt ihn wie zur Ermutigung mit der Flosse oder dem Maul. Das wird ein Spiel zwischen ihnen.

Abid'allah findet zu einer Sorglosigkeit zurück, die für immer verloren schien, seit er vor 15 Jahren von der Palme fiel. Der junge Mann öffnet sich immer mehr, je öfter er sich den liebenswürdigen Launen des Meeressäugers hingibt, dessen Stimmung ständig wechselt: Mal ist er schwerfällig und kurzatmig, eine Sekunde später gewandt und flink.

Der Delphin fordert Abid'allah auf, in die Tiefen hinab- und sehr schnell wieder aufzutauchen, um Luft zu schnappen. Er hat verstanden, dass sein menschlicher Gefährte mehr Sauerstoff braucht, und nimmt bei ihren Spielen darauf Rücksicht.

Abid'allah ahmt weiterhin Worte nach … und allmählich spürt er wirklich, wie sich ihm eine neue Welt eröffnet. Sein Gehör, das seit der Kindheit erloschen war, erwacht zu neuem Leben! Der junge Mann wagt noch nicht, es zu glauben. Er hört das verschwommene Rauschen des Meeres und die Rufe des Delphins, die schrillen Schreie und das Schnurren, das dem einer Katze gleicht. Vielleicht hört er sogar ein paar Ultraschalltöne, die für das normale menschliche Gehör nicht wahrzunehmen sind.

Er hat Angst vor der Enttäuschung. Er weiß, dass er taub ist, aber er sieht, wie sich der Mund des Tieres öffnet und hört den Schrei. Das kann nicht nur Einbildung sein. Die Tage vergehen, und mit jedem Spiel verstärkt sich der Eindruck. Die Fragen lasten immer schwerer.

An diesem Abend rennt Abid'allah verstört und erschreckt zu seinem Vater, der friedlich das Café hütet, das noch immer kaum von Fremden besucht wird. Dort sitzen die Männer ungestört beieinander und genießen schweigend den Geruch des Meeres. Kommt doch mal ein Besucher vorbei, erkundigen sie sich nach seiner Gesundheit und seiner Familie, danach fragen sie ihn, woher er kommt und welche Neuigkeiten er aus der weiten

Welt mitbringt. Sie reden, rauchen die Wasserpfeife, trinken Tee. Abid'allah stürmt herbei wie ein Wirbelsturm. Sein Vater fordert ihn auf, sich zu setzen, und fragt ihn mit Zeichen, warum er so außer sich ist. Sein Jüngster weint. Er erklärt: »Abu, ich höre!« Er zeigt auf sein linkes Ohr: »Damit höre ich ein bisschen.« Alle sehen sich an. Der alte Mekhassen blickt ungläubig auf seinen Sohn. »Bist du sicher? Was ist geschehen?« Abid'allah richtet die Augen aufs Meer. Dann erklärt er mit schnellen Gesten: »Als ich mit dem Delphin spielte, Abu, habe ich plötzlich gemerkt, dass ich das Rauschen des Meeres höre und dass mir seine Schreie manchmal sogar im Ohr wehtun.«

Die Stille, die so lange in Abid'allahs Kopf gewohnt hat, erfasst die Runde. Nur die Vögel singen weiter ihre Serenaden in den Dattelpalmen.

Onkel Ibrahim wirft unauffällig einen Stein links hinter seinen Neffen. Abid'allah dreht sich um. Er hat es gehört, er hat die schwache Hörfähigkeit wiedererlangt, die ihm der Chirurg vor langer Zeit, nach seinem Unfall versprochen hatte ... Tränen treten in die Augen der Alten. »*Allah Akbar! Allah Akbar!* Allah ist der Größte!«, bricht es aus ihnen heraus.

Onkel Ibrahim, Vater Mekhassen und die Männer des Dorfes führen Abid'allah in die kleine Moschee von Mezaina, um zu beten und Allah für das auf so wundersame Weise wiedererlangte Gehör zu danken. Der Muezzin ruft wie üblich die Gläubigen zur nächsten Gebetsstunde, dann fügt er mehrmals hintereinander die Neuigkeit hinzu: »Der kleine Mekhassen hat sein Gehör wiedererlangt! Gesegnet sei Allah!«

Am Abend erzählt Abid'allah im Licht des großen Feuers, auf dem ein geopfertes Lamm schmort, den Versammelten alles über sein Abenteuer mit dem Delphin: die Entdeckung, ihre Annäherung, ihre Treffen und ihre Spiele. Die Augen der Kinder sind auf die Hände und das Gesicht des jungen Fischers geheftet. Die Weisen nicken bedächtig – Zustimmung bedeutet das, Segen und ein wenig Erstaunen angesichts dieses Wunders der Natur. Bei den Beduinen hüten die Alten viele Geheimnisse. Sie heilen Krankheiten, indem sie Allah Opfergaben darbieten oder die Patienten in Trancezustände versetzen. Sie kennen die scheinbar unbedeutenden Pflanzen der Wüste, die den Menschen das Leben retten. Vom Meer jedoch erwarten die Mezaini nichts weiter als etwas Nahrung oder eine Katastrophe. Nirgends im kollektiven Gedächtnis der Beduinen ruht die Erinnerung an ein Geschehen, bei dem ein Meerestier einen Menschen so sehr verändert hat! Und dennoch ist das Wunder von heute nur das erste einer erstaunlichen Folge ...

Weiterhin besucht Abid'allah täglich seinen Delphin. Er nennt ihn »meine Freundin«, indem er die Zeigefinger aneinander reibt und dann auf seine Brust weist. Jeden Morgen nach dem Erwachen stellt er sich ans Ufer und wirft ein oder zwei große Steine ins Wasser, um sich anzukündigen. Dann streift er eilig seine Galabya ab und schmeißt sich ins Meer. Und jeden Morgen ist sie da, scheint sie ihn zu erwarten, ruft sie ihn mit ihren kleinen Schreien. Der »Halbtaube«, wie seine taubstummen Kameraden ihn nun nennen, taucht am Riff entlang, sie schwimmen Seite an Seite.

Wenn er sich entfernt, ruft sie ihn, und er kommt zurück; dann schwimmt sie davon, und Abid'allah, den Kopf aus dem Wasser gestreckt, versucht sie zu rufen, indem er die beiden Vokale des Wortes *dolphin* formt: »O-I! O-I!« Und sie erscheint!

Er findet heraus, wie er Luft durch den Hals strömen lassen muss, um immer präziser Laute hervorzubringen: erst alle Vokale, dann ein paar Konsonanten. Allmählich, über Wochen, entwickelt er selbst eine Technik, die an seine Atmung unter Wasser angelehnt ist. Er kann das Wort *dolphin* nicht aussprechen, der erste Buchstabe, ein Zahnlaut, ist zu schwierig, deshalb ruft er seine Freundin nun: »Oline …« Nachdem er sein Gehör zurückgewonnen hat, findet Abid'allah nun die Sprache wieder, die verloren war. Aus den undeutlichen Lauten sind Worte geworden! Er beginnt zu artikulieren! Hat das spielerische Training, das der junge Schwimmer täglich mit seiner Freundin absolviert, ihm die Stimme zurückgebracht? Ist es die Kraft der Zuneigung? Das wiedergefundene Selbstvertrauen?

Nass sitzt er in seiner Badehose auf einem Mäuerchen am Meer. Er hält den Kopf gesenkt, überwältigt von der Veränderung, die ihm langsam bewusst wird. Wahrscheinlich glaubt er zu träumen … aber er weint. Fatma nimmt seinen Kopf in ihre großen, von der Arbeit zerschundenen Hände und segnet Allah, Allah und diesen Fisch, den er gesandt hat, um den Kleinen von seinem Unglück zu befreien. Die Neuigkeit verbreitet sich wie ein Lauffeuer im ganzen Dorf. Niemand kann es glauben, und alle rennen herbei, um zu hören, wie Abid'allah fast wie in Trance ruft: »Oline … Oline … Oline …« Nur Jouma und Muhamad haben nichts von der wiedergefundenen Stimme ihres Freundes. Trotzdem sind sie ganz verblüfft und glücklich über dieses Wunder, an das sie noch nicht so ganz glauben können. Sie waren dabei, als Abid'allah zufällig im unendlichen Meer »diesem großen Fisch« begegnet ist ... Ob es wirklich ein Zufall war?

Es folgt das dreitägige Beduinenfest *Khafla*. Die Männer haben zwei der größten Schafe getötet und all den verbotenen Alkohol getrunken, den die Händler unter ihren Ladentischen versteckt hatten. Die Gesichter strahlen. Die Freude und die Dankbarkeit der Mezaini ist grenzenlos. Ohne müde zu werden, erzählen sie. Die Geschichte des Wunders geht von Mund zu Mund und wird dabei immer großartiger. Sie tanzen um das große Feuer, die Frauen auf einer, die Männer auf der anderen Seite. Die Kinder springen umher und verteilen Wasser und Tee. Abid'allah tanzt, trinkt und brüllt vor Freude. Ohne Unterlass wiederholt er: »Oline, Oline ...«

Man überrascht ihn dabei, wie er verstohlene Blicke aufs Meer wirft. Vielleicht versucht er die Rückenflosse seiner Oline zu entdecken, um ihr einen Gedanken oder ein Dankeschön zu senden ... Die Trommeln tragen ihn bis zum Morgengrauen in Trunkenheit und Trance.

Strand von Mezaina, Herbst 1994

An diesem Morgen überrascht ein Damenballett die Bewohner von Mezaina ... Eine Ausländerin ist im Morgengrauen an den Strand gekommen. Sie hat sich unauffällig den Badeanzug angezogen und ist mit Taucherbrille und Schnorchel ins Wasser gegangen. Oline näherte sich sofort, um die neue Schwimmerin zu beobachten. Nachdem sie sie eine Weile mit ihrem Sonar untersucht hatte, stürzte sie auf sie zu. Und jetzt krault die junge Frau Oline unter den Flossen und am Bauch, streichelt ihren Schwanz mit den Fingerspitzen, und Oline zappelt vor Wonne.

Die Frau lässt sich von der Sonne trocknen und zieht ein großes langärmeliges Hemd und eine weite Hose an. Dann stellt sie sich Abid'allah vor. Sie heißt Maya Zilber. Der kleine Saleh hilft, zwischen Zeichensprache und Hebräisch zu übersetzen, wenn es nötig ist. Einer nach dem anderen kommen die Männer des Clans herbei, und bald ist das ganze Dorf um die Frau versammelt. Alle hatten geglaubt, Oline würde sich nur von den Gehörlosen streicheln lassen, von Abid'allah, Jouma und Muhamad. Diese Maya Zilber erobert die Zuneigung des Clans wie im Sturm, schon nennt man sie wegen ihrer schnellen Freundschaft mit Oline *El-Aroussat Bahr*, die Sirene.

Maya erzählt Abid'allah: »Ich wohne direkt hinter der Grenze, in Elat, in Israel. Durchreisende haben mir von dir erzählt. Wir sind eine kleine Gruppe von Freunden, und wir haben in der Nähe des Hafens einen Ort geschaffen, an dem die Delphine im Meer schwimmen können. Er nennt sich Delphinbucht.«

»Delphine wie Oline, hier in der Nähe?«

Abid'allah ist erstaunt: Fünfzig Kilometer nördlich von seinem Dorf schwimmen fünf Delphine in einem natürlichen Becken, das mehrere Stunden am Tag zum Meer hin geöffnet wird. Maja berichtet: »Die drei Weibchen heißen Domino, Shy und Dana, die Männchen Syndi und Dicky. Wir haben sie einem sowjetischen Forschungszentrum abgekauft, das geschlossen wurde. Sie wussten nicht mehr, was sie machen sollten, sie hatten kein Geld, um die Tiere zu versorgen …« Abid'allah sagt nichts; Delphine kaufen … Er muss diese unglaubliche Geschichte erst einmal verdauen. Aber die Frau macht einen ehrlichen Eindruck, und nach Olines begeisterter Reaktion ist sicher, dass sie Delphine liebt … Er betrachtet Maya. Sie fühlt sich an diesem rauhen Strand wohl, umgeben von diesen ebenso zuvorkommenden wie neugierigen Männern.

Abid'allah erklärt Muhamad und Jouma in Zeichensprache, was er soeben erfahren hat. Sie sind völlig verblüfft. Abid'allah übersetzt Maya ihr stummes Erstaunen: »Wir hatten von anderen Delphinen in Israel gehört, die mit den Menschen schwimmen, aber wir wussten nicht, ob es stimmt. Oline war bisher der einzige, den wir kannten …« Maya versteht sehr gut, dass Nachrichten nur von Mund zu Mund wandern können, wenn man kein Radio hat und nicht lesen kann. »Kommt uns doch in der Delphinbucht besuchen«, schlägt sie vor. Die Vorstellung, den Sinai zu verlassen, erscheint den drei Freunden verrückt, beinah unmöglich. Die Jugendlichen, die sich zu ihnen gesetzt haben, springen vor Freude umher: »Das ist toll, ihr müsst hinfahren! Und dann erzählt ihr uns, was auf der anderen Seite der Grenze los ist!« Aber die Beduinen brauchen wie alle Ägypter einen Pass, um das Land zu verlassen, und der ist unbezahlbar. Abid'allah überlegt … Er hat große Lust, dieser Fee zu folgen, um ihre russischen Delphine kennen zu lernen. Ein neuer Traum ist in ihm geboren.

Im Moment ist er aber erst einmal begierig, seine Freundin Oline besser zu verstehen. Er erkundigt sich bei Maya, wie Delphine Töne wahrnehmen: »Das Gehör der Delphine ist unvergleichlich besser als das der Menschen. Sie hören zehnmal mehr und über sehr viel größere Entfernungen als wir, auch wenn wir eigentlich schon sehr gut hören.« Saleh übersetzt seinem Freund alles mit einer unglaublichen Geschwindigkeit in die Zeichensprache. Er ist begeistert von diesen ersten Erläuterungen. Amüsiert und froh, ihre Erfahrungen weitergeben zu können, fährt Maya fort: »Sie sehen in gewisser Weise mit den Ohren, mit ihrem Sonar, dem am höchsten entwickelten System, das es in der Natur gibt: Die Schallwellen, die sie erreichen, nehmen sie in ihrem Kopf und ihrem Kiefer wie Pfiffe wahr. Dies geschieht mit Hilfe von Luft, die durch so etwas wie kleine Säckchen strömt. Dabei werden unterschiedliche Töne erzeugt. Ihr Schädel enthält wie eine Melone sehr viel Wasser und ein bisschen Luft. Mit ihm können sie Ultraschallwellen wahrnehmen, die sie sehr genau über die Beschaffenheit und die Entfernung von Objekten unterrichten. So erkennen sie beispielsweise sofort eine schwangere Frau oder Metallplatten im Bein eines Schwimmers.«

»Eine schwangere Frau?« Abid'allah und alle anderen staunen. »Ja, natürlich! Sophie, Maria und Inbal, unsere Ausbilderinnen, haben dank der Delphine schon in den ersten Tagen bemerkt, dass sie schwanger waren. Die Tiere kamen an ihre Bäuche heran, waren verwirrt und ließen ihr Sonar arbeiten. Man konnte ganz deutlich das Klicken hören. Sie haben erkannt, dass sich irgendetwas im Bauch dieser Frauen, die sie sehr gut kannten, verändert hatte. Und als Inbal während der Schwangerschaft zusammen mit ihrem Freund geschwommen ist, haben sie sogar erst ihren Bauch gescannt und dann sein Geschlecht, als wollten sie überprüfen, ob er auch wirklich der Vater ist! Schade, dass man nicht mit ihnen reden kann, um sie zu fragen, was genau sie wahrnehmen … Das Einzige, was man weiß, ist, dass Delphin- und Menschenembryos in den ersten Schwangerschaftswochen vollkommen identisch sind. Ich glaube, dass es diese Gemeinsamkeit ist, die sie erkennen …«

Die Beduinen sind überwältigt. Saleh spricht für sich und die anderen: »Wir wussten nicht, dass Delphine solche Kräfte besitzen. Glaubst du, Oline hat sie auch?« Maya nickt: »Aber natürlich! Sie weiß sehr viel über jeden von euch, beispielsweise spürt sie sofort, ob ihr wütend oder zufrieden seid.«

Am nächsten Morgen setzt sich Abid'allah mit sichtbarer Unruhe an Mayas Bett. Er wartet darauf, dass sie aufwacht, um sie auszufragen. Sie hat kaum Zeit zu bemerken, dass sie Besuch hat. »Maya! Oline schläft nicht mehr! Ich habe sie die ganze Nacht beobachtet. Sie ist immerzu geschwommen …« Er spricht so schnell, wie ihn seine Sorge drängt, und Maya versteht ihn nicht sehr gut. Es ist auch noch sehr früh … Sie stammelt: »Aber ein Delphin schläft nie, Abid'allah, Oline auch nicht.« Abid'allah ist völlig verdutzt, er wiederholt: »Schläft nie …« Er denkt, dass Maya ihn abwimmeln will, um weiterzuschlafen. »Maya, Maya, alle Tiere schlafen wenigstens ein bisschen, zumindest im Winter …« Maya steht auf. Sie hat eingesehen, dass es mit dem Schlafen endgültig vorbei ist.

»Abid'allah, Delphine haben zwei Gehirnhälften, genau wie wir.« Sie zeichnet eine Skizze in den Sand. »Wenn sie ganz und gar einschlafen, hören sie auf zu atmen, sie gehen unter und sterben. Deshalb lassen sie immer erst die eine Gehirnhälfte schlafen, dann die andere. So schwimmen sie die ganze Nacht und schlafen, wenn du so willst, in zwei Etappen.« Ihr Schüler starrt sie mit offenem Mund an, und Maya fährt fort: »Der am stärksten entwickelte Teil des Gehirns ist übrigens der, in dem sich die Gefühle, die Kreativität, die Liebe befinden. Im Unterschied zum Menschen. Im Allgemeinen jedenfalls, bei dir weiß ich es nicht so genau ...«, ergänzt sie lachend. Abid'allah hat seine erste Anatomiestunde erhalten. Die erste einer langen Reihe, denn so eng Abid'allah auch mit Oline befreundet sein mag, er ist kein Walforscher, und bei Maya findet er das Wissen, das ihm fehlt, um seiner Freundin zu helfen, wenn sie eines Tages ein Problem haben sollte. Er vertraut Maya und der ganzen Truppe aus der Delphinbucht, die er bald seine »Freunde und Ratgeber« nennen wird.

Eines Morgens, ein paar Wochen später – das ruhige Leben in Mezaina verstreicht im Rhythmus der zu heißen Sonne – tobt Oline im Wasser umher wie ein panisches Hündchen bei Hochwasser. Sie stößt kleine, schrille, angstvolle Schreie aus. Am Ufer ist die Zeit stehen geblieben: Drei Beduinen in weißer Galabya und mit dem *keffieh*, dem traditionellen rot-weiß karierten Tuch der Beduinen um den Kopf, sitzen im Schneidersitz im Schatten und spielen *chech-bech*, Backgammon. Als sie die Schreie des Delphins hören, sehen sie einander bestürzt an. Drei Sekunden vergehen, dann rennt Onkel Ibrahim wie von der Tarantel gestochen zu Abid'allahs Hütte am südlichen Ende des Strandes. Er schlägt ihm auf die Schulter und erklärt mit wenigen Zeichen: »Oline ... Gefahr!«

Der junge Mann rast zum Riff. Er sieht den von Panik erfüllten Delphin, reißt seine Galabya herunter, taucht ins Wasser und schwimmt zu ihm.

Oline hat Angst, kein Zweifel. Sie schwimmt nach Norden vor ihm her, sie schwimmt zu schnell für ihn, hält an, wartet – entschlossen und in ihrem Ziel vollkommen sicher. Abid'allah, wie blind vor Anstrengung, folgt ihr, ohne zu begreifen, was los ist. Er weiß nur, dass sie ihn braucht, dort, ganz schnell, und das reicht ihm. Schließlich sieht er wenige Meter vor sich das Netz: Wieder einmal ein herrenloses Netz, das sich kilometerweit ausbreitet und alles festhält, was ihm zufällig in die Fänge kommt.

Ein Delphin, ein junges Männchen, hat sich in den Maschen verfangen. Er pfeift, er kämpft. Wahrscheinlich hat er einen Fisch fangen wollen und ist dabei in diese tödliche Falle geraten. Das Maul und der Schwanz sind reglos, er atmet noch, aber nur mit Mühe. Abid'allah versucht, die Schnüre mit den Händen zu zerreißen, vergeblich, ein Messer müsste man haben ... Er schiebt die Hände zwischen die Maschen und die blau angelaufene Haut des Tieres. Er versucht, den Delphin aus dem Netz zu lösen, zerrt die Maschen hin und her. Dann zieht er am Maul des zitternden Tieres. Nach zwei, drei Minuten, so lang wie ein Jahrhundert, ist der Kopf frei. Bleibt noch sein Schwanz, der ihn nach unten zieht. An einer Stelle ist die

Flosse schon eingerissen, Blut tritt aus, eine weißliche Flüssigkeit, dick wie der Saft einer Rose.

Oline kann nichts tun, sie schwimmt im Kreis um die beiden herum, die kämpfen, der eine, um nicht zu sterben, der andere, um mit seinen Menschenhänden einen gefangenen Freund zu retten. Die alptraumhafte Erinnerung aus ihrer Kindheit scheint wieder aufzuerstehen. In ihr Gedächtnis sind die Massaker eingegraben, die jedes Jahr in allen Meeren der Welt aus Versehen oder aus Gleichgültigkeit an unzähligen Walen und Delphinen begangen werden. Tausende von Hochseefischern ziehen ihre Netze über den Meeresgrund, und zu viele tun dies illegal: Die Spur ihrer Verbrechen an allen Arten von Meeressäugern zieht sich über den gesamten Erdball.

Abid'allah hat das Tauchen ohne Hilfsmittel nie trainiert, allein durch das Spielen und Fischen ist er ein ausgezeichneter Taucher geworden, der es Rekordzeiten lang unter Wasser aushält. Aber nach drei Minuten muss selbst er auftauchen, um Luft zu holen. Noch einmal vergehen lange Sekunden, dann hat er es geschafft. Er hat den Delphin befreit! Mit einem Satz katapultiert er sich wie eine Rakete aus dem Wasser. Luft!

Der verletzte Delphin bleibt an der Meeresoberfläche, schwach und hechelnd. Oline ist erleichtert und beruhigt. Abid'allah ist völlig entkräftet, seine Arme gehorchen ihm nicht mehr. Oline schwimmt zwischen ihnen, stützt mit dem Kopf mal die Schulter des einen, mal das Maul des anderen, sie hält die beiden über Wasser, damit sie mühelos atmen können.

Der junge Delphin ist erschöpft und bewegt sich sehr langsam. Um ihm zu danken, zieht er mehrere enge Kreise um Abid'allah. Dann schwimmt er davon. Oline bringt ihren Freund ans Ufer zurück. Er klammert sich an ihre Rückenflosse und lässt sich ziehen. Dann wartet sie, nicht weit vom Strand, den Kopf aus dem Wasser gestreckt, als wolle sie sich seiner guten Gesundheit versichern, als bedauere sie, ihn aus dem Wasser gehen zu lassen.

Vielleicht hat sie ja von der Geschichte der kleinen Meerjungfrau gehört, jener Nixe, die aus Liebe zu einem Prinzen ihren schönen Fischschwanz durch ein paar Beine ersetzen wollte und daran zugrunde ging ... Oline bleibt im Wasser, allerdings sehr nah am Riff, ihr Körper ragt zur Hälfte aus dem Wasser, liegt fast auf dem Strand, dort, wo das Wasser kaum noch einen halben Meter tief ist.

Es gibt keine vernünftige Erklärung für ein solches Verhalten: Ein Delphin ruft einen Menschen zu Hilfe, um das Leben eines anderen Delphins zu retten ... und der verlässt sich auf die Hände des Menschen und auf sein Wohlwollen.

Ich glaube, für einen Delphin hat es nichts mit Güte zu tun, das Leben eines anderen Säugetieres zu retten. Für ihn ist es eine selbstverständliche Solidarität, auch wenn der andere zufällig einer fremden Art angehört. Ich habe in vielen Büchern gesucht, um ähnliche Geschichten zu finden – vergeblich. Seit der Antike ist die Geschichte voller Beispiele von Delphinen, die Menschen in Gefahr geholfen haben. Aber es wird von keinem Fall berichtet, bei dem sie die Menschen zu Hilfe gerufen haben – auch wenn das vielleicht öfter vorkommt, als man meint.

Manche Fischer töten Delphine, um sie zu verkaufen oder einfach aus Versehen, andere setzen sich für die Rettung dieser Meeressäugetiere ein. Offenbar haben Delphine ein Gedächtnis für solche Gesten. Ein Jahrhundert vor unserer Zeitrechnung erzählte Plutarch vom Abenteuer eines gewissen Korianos. Dieser Mann, der von der Insel Pharos stammte, wurde Zeuge, wie Fischer eine ganze Schule von Delphinen fingen. Er überredete die Fischer, die Tiere freizulassen. Mehrere Jahre später erlitt sein Boot an der Küste Schiffbruch. Die gesamte Besatzung ertrank, nur ein einziger Mann überlebte, weil er von Delphinen zu einer Grotte getragen wurde. Es war Korianos, den die Tiere nicht vergessen hatten! Bei seinem Tod dann waren die Delphine zum großen Erstaunen seiner Familie und seiner Freunde wieder da, um sich von ihm zu verabschieden: Während der Beisetzung warteten sie wenige Meter vom Ufer entfernt, bis sein Körper verbrannt war. Dann schwammen sie davon. Plutarch schrieb: »Der Delphin braucht die Menschen nicht, und dennoch ist er ihr Freund und hat ihnen oft wertvolle Hilfe geleistet.«

1997 begeisterte ein Ereignis die Menschen aus Abid'allahs Gegend: In der Nähe von Elat fiel ein angetrunkener Engländer aus dem Boot ins Wasser und wurde von der Schiffsschraube verletzt. Er blutete stark, so dass offenbar mehrere Haie angelockt wurden. Er glaubte, sein letztes Stündlein habe geschlagen, als sich ihm ein paar Tümmler näherten, einen Kreis um ihn bildeten, die Haie verjagten und ihm so das Leben retteten. Sie brachten den verletzten Mann bis zum ersten Boot, das ihnen in der Bucht begegnete. Ich weiß nicht, was aus ihm geworden ist: Hat er weiter getrunken? Oder ist er Delphinologe geworden?

All diese Geschehnisse bleiben für die Menschen außergewöhnlich und geheimnisvoll. Wir werden gewiss niemals erfahren, aus welchem Motiv heraus diese Tiere zuweilen ihr Schicksal mit dem unseren verbinden. Es lässt sich allerdings beobachten, dass im Allgemeinen eine Beziehung nur zwischen einem einzelnen Tier und einem einzelnen Menschen besteht. Ich glaube nicht, dass Delphine die Menschen schlechthin lieben, sondern eher, dass manche von ihnen ein bestimmtes menschliches Wesen auserwählen, um mit ihm zu spielen, es zu lieben oder zu retten. Es handelt sich immer um eine persönliche Geschichte, eine intime Beziehung, eine Freundschaft.

Seit Abid'allah Oline begegnet ist, haben schon mehrere Wissenschaftler nach der Logik dieses erstaunlichen Ereignisses gesucht. Weder die Beduinen noch die Europäer verstehen es. Anscheinend gibt es keine akademischen Erklärungen und auch keine vergleichbaren Fälle, in dieser Gegend ebenso wenig wie anderswo. In Mezaina haben sich die Alten der Freundschaft zwischen Abid'allah und Oline bemächtigt, um sie zur Legende auszuschmücken. Die Beduinen pflegen die Tradition ihrer Versgesänge und der in gepflegtem Arabisch ausgetragenen Wortgefechte: Wahre Geschichten werden schnell zu schönen Legenden, die auf den Rücken der Esel und Dromedare über die Berge und durch die Jahrhunderte ziehen. Sie verändern sich, werden reicher, entwickeln sich von Dorf zu Dorf. Sie transportieren die Lehren und die strengen Moralgrundsätze der Beduinenkultur.

Manche Bewohner von Mezaina sind überzeugt, dass Oline nichts anderes ist als ein Bote Allahs: Wie einer

Prophetin müsse man ihr zuhören und versuchen, ihre Lehren und Weissagungen zu verstehen. Niemand im Dorf hatte je Gelegenheit, die großen griechischen Mythen zu lesen, aber sie beschreiben diese Vorstellung in einer heidnischen Version: Die Delphine sind dort die Gesandten des Gottes Apoll, die von den Göttern begünstigten irdischen Boten des Olymps.

Der weise Onkel Ibrahim, den Abid'allah einen Intellektuellen nennt, glaubt, dass Oline kein wirklich irdisches Geschöpf ist, sondern ein Engel, der im Körper eines Delphins lebt. »Oh, Delphine gab es immer im Roten Meer, seit sechzig Millionen Jahren! Lange vor den Beduinen, lange vor den Menschen! Neben den Tümmlern, zu denen Oline gehört, gibt es Risso-Delphine, Sousa-Delphine, sogenannte Buckeldelphine, Rundkopf-Delphine und Dudongs, die gemeinhin Seekühe genannt werden, in Hülle und Fülle«, erklärt Onkel Ibrahim, dann zieht er die Brauen hoch: »Aber Oline ist ein Wunder!«

Id, Abid'allahs älterer Bruder, sieht in ihr einen ganz besonderen Engel. Für ihn war sofort klar, dass Oline die Reinkarnation ihrer Mutter Jamia ist, die genau ein Jahr vor dem Erscheinen des Delphins gestorben war. Er erzählt, dass er Oline als Erster bereits Monate zuvor am Riff von Mezaina gesehen habe. Damals wurde sie von drei jungen Delphinen begleitet. Von seinem Vater weiß Id, dass Jamia drei kleine Töchter schon bei der Geburt verloren hatte. Er glaubt, dass sie diese im Paradies wiedergetroffen und mit sich genommen hat, um das Dorf zu besuchen. Id ist sehr erregt. Dieses Wunder eröffnet ihm neue Perspektiven für sein Leben als Sterblicher. Er glaubt, dass die Mutter zurückgekehrt ist, um ihrem Lieblingssohn Abid'allah zu helfen, von dem es heißt, er sei vom Leben wahrlich nicht verwöhnt worden.

Mezaina, Frühjahr 1995

Die Frauen bringen ihre leeren Eimer zum Brunnen. Es wird eifrig geschwatzt. Sie ziehen an dem Seil, und ihre Stimmen vermischen sich mit dem Quietschen der großen Holzrolle. Alle wollen sie jemanden verheiraten, eine die jüngste Tochter, die andere den ältesten Sohn.

Natürlich reden sie auch über Abid'allah. Früher nannten sie ihn, ohne auch nur nachzudenken, Abid'allah *misken* – der Arme. Aber das Mitleid hat ihre Herzen verlassen, und an seine Stelle ist das Geheimnis getreten und eine gewisse Bewunderung. Die Bewohner der Wüste achten Abid'allah wegen des wunderbaren Geschenks, das er erhalten hat. Heute ist er reich. Er ist der Mann, der mit den Delphinen spricht. Allah hat ihn mit dieser Gabe überglücklich gemacht.

Muhamads Mutter erinnert sich. Früher, als sie klein war, lebten die Familien noch als Nomaden und besaßen nichts außer ihren Zelten. Wie ein Fluch hat dann das Meer die Männer von Mezaina angelockt. Nachdenklich wiederholt sie: »Ein Fluch hat die Männer vom Clan der Mezaini getroffen! Einer nach dem anderen wurde Fischer. Zuerst fuhren sie nur aufs Meer, um ausreichend Fische für den Winter trocknen zu können. Dann haben sie angefangen, die Berge und ihre Wüste zu verlassen.

Natürlich mussten sich die Frauen und die *Khamulla*, der Rest der Familie, bei den Männern an der Küste niederlassen. Dann, im Laufe der Jahre, haben mein Vater und alle Männer seiner Generation Häuser gebaut, wie die Israelis, wie die Ägypter ... Oh! Natürlich haben wir die Zelte und unsere Herden behalten, auch die Ziegen und die Kamele, und wir gingen noch oft in die Berge. Aber auch dort oben hat man angefangen, Betonhäuser zu bauen, rings um die großen Brunnen, wie in Bir Zrir, Nakhl oder Bir e-Shenar ...«

Heute behaupten die Frauen, dass es die Männer waren, die aus Eitelkeit »feste« Häuser wollten, für jene aber waren es ihre Ehefrauen, die größere Bequemlichkeit verlangten.

So wurde der kleine Palmenhain im Süden von Nuweiba zu Nuweiba Mezaina: »Unser Dattelstrand wurde das Dorf unserer Väter ... der Fischer ...« Man hört Lachen hinter Oum Muhamads Rücken, aber sie spricht ungerührt weiter: »Und dahinter sind die Mauern gewachsen, wie die Pilze im Regen.«

Sie erzählt, dass die Mezaini von den anderen Stämmen vorgeladen und geschmäht worden seien, denn ein sesshafter Beduine ist nicht mehr würdig, Beduine zu sein, sein Stamm kann nicht mehr zur Bruderschaft gehören ... Also hat die traditionelle Versammlung der *Kabilat*, der zehn Beduinenstämme des Sinai, die Mezaini verbannt. Das Votum war einstimmig: »*Eba'ad!* Der Bann!«

Seitdem dürfen sie keine Angehörigen anderer Beduinenstämme mehr heiraten oder an der Versammlung der Bruderschaft teilnehmen. Da sie dazu verurteilt wurden, unter sich zu bleiben und ihre Cousins und Cousinen zu

Sonnenaufgang über dem Roten Meer vor Nuweiba Mezaina.
Oline zieht friedlich ihre Kreise.

Das Lachen des Delphins. Oline bezauberte erst den taubstummen Fischer Abid'allah, dann das ganze Dorf und schließlich Touristen aus aller Welt.

Abid'allahs Heimat. Das Beduinendorf Nuweiba Mezaina, umgeben vom Roten Meer und den Bergen des Sinai.

Liebevolles Spiel. Durch die Freundschaft zu Oline fand Abid'allah seine Sprache wieder.

Oline erwartet Abid'allah.

Hände und Kopftücher in Bewegung. Abid'allah und ein Freund scherzen in lebhafter Zeichensprache. Jedes siebente Kind kommt in Mezaina taubstumm zur Welt.

Kamele sind das Wahrzeichen der Beduinen. Den Mezaini dienen sie während ihrer Wanderungen durch den Sinai als Reit- und Lasttiere.

Spielende Beduinenmädchen aus Mezaina vor einer Wand, die Kinder mit Delphinen bemalt haben.

Hochsprung für einen Tintenfisch.
Abid'allah füttert Oline mit ihrer Lieblingsspeise.

Oline mit ihrem Sohn Jimmy.

Zärtlichkeiten zwischen Mutter und Kind.

Abid'allah.

Blick auf Nuweiba Mezaina. Im Vordergrund Abid'allahs Hotel.

Abid'allah sucht zwischen den Korallen Tintenfische für Oline.

Oline mit einem Leckerbissen im Maul.

Alles wegen Oline. Einheimische und Touristen beobachten den Wunderdelphin.

Abid'allah liest mit Freunden die Post aus aller Welt.

Beduinenmädchen aus
Nuweiba Mezaina.

Abid'allah vor seiner Hütte am Strand von Mezaina.

Abid'allah und seine Freunde schwimmen mit Oline.

Abid'allah beim Spiel mit Oline.

Fischer aus Nuweiba Mezaina. Das Dorf lebt vom Fischfang.

Abid'allah auf seinem Fischerboot.

Größer als Abid'allah. Oline streckt sich nach einem Tintenfisch.

Akrobatik zu zweit. Auch beim Flug übers Wasser bleibt Jimmy dicht bei seiner Mutter.

Zu Ehren Olines. Auf dem Dorfplatz im Zentrum von Nuweiba Mezaina errichtete der ägyptische Staat ein Delphindenkmal.

heiraten, traten immer mehr angeborene Behinderungen auf: Gewiss ist hier auch die Erklärung für die Taubheit vieler Babys zu finden.

»Meine liebe Tante! Niemand erinnert sich, wann und warum wir Mezaini verbannt wurden. Das war vor Urzeiten!«, protestiert Khadija, eine jüngere Cousine von Muhamad. Am Brunnen erklärt sie ihren Standpunkt: »Auch die anderen Stämme des Sinai gehen schon seit langer Zeit immer seltener auf Wanderschaft ... mindestens seit der Besetzung des Sinai durch die Israelis 1967. Erinnere dich doch nur, Tante, sogar die Dahab und die Tarbine haben begonnen, mit den Israelis in den Treibhäusern oder auf den Feldern zu arbeiten ... Und dann haben die Ägypter die Touristen hergebracht. Wir sind zur Schule gegangen. Dort waren auch Kinder von anderen Stämmen. Die sind ebenfalls nur noch während der kurzen Wintermonate auf Wanderschaft gegangen.« Sie überlegt: »Vielleicht wurden wir verbannt, weil wir als Erste gebaut haben ... Aber das ist so lange her, und heute wohnen alle Beduinen abwechselnd in Zelten und Häusern ... wie wir.«

Alle Staaten haben versucht, ihre Beduinenvölker sesshaft zu machen: Syrien, Jordanien, Ägypten. Auch in Saudi-Arabien gehen nur noch wenige Beduinen auf Wanderschaft. Von den großen Stämmen der Kameltreiber ist nur noch ein Schatten übrig: die Huweytat, die einst im Wadi Sirhaan herrschten und plünderten. Sie waren die »Paten« der Wüste, weil sie die Karawanen und Oasen angriffen oder beschützten, je nachdem, welche *Khawa* bezahlt wurde. Lawrence von Arabien nannte sie die beste

Streitmacht in ganz Westarabien. Auch die Ruwalas in der Harra-Wüste in Syrien, im Irak und im Norden Jordaniens leben noch wie einst als Nomaden, aber auch sie werden immer weniger. Zwischen den Sanddünen und den Bergen der Wüste dort trifft man noch öfter auf ihre Lager mit den schwarzen Zelten aus Ziegenhaar. Auf den Straßen um Jerusalem, bei der Oase von Jafr oder in der Gegend um Ma'an in Jordanien führen die Beduinen ihre Familien und ihre Dromedare spazieren. Wahrscheinlich haben sie irgendwo ein Haus neben einem Brunnen, vielleicht sogar mit fließendem Wasser und Strom, von der Regierung kostenlos bereitgestellt. Im Sommer aber sind sie lieber unterwegs und bauen ihre Zelte dort auf, wo es ihnen gefällt.

Seitdem der Bann verhängt wurde, haben die Mezaini mit Abid'allah zum ersten Mal wieder etwas Besonderes vorzuweisen. Sie, die sich für immer verflucht wähnten, sehen in diesem unglaublichen Geschehen ein Zeichen des Himmels. Womöglich ist Abid'allah der Gesandte, der ihre *Kabila*, ihre Großfamilie von der Strafe befreien wird. Vielleicht ist seine wiedergewonnene Sprache die Sprache des gesamten Clans.

Wie die Mezaini selbst ist auch die Legende von Oline und Abid'allah sesshaft, aber ihre Seele ist die eines Nomaden … Sie wandert über die Berge des Sinai und entlang der Küste von Scharm el-Scheich, über die Grenze nach Elat, dann nach Tel Aviv, und ganz allmählich verbreitet sie sich in der Welt.

Auf einem kleinen Ausflug nach Dahab, der nächsten Stadt, zehn Kilometer südlich seines Dorfes, dort, wo es viele und oft hübsche Touristinnen gibt, begegnet Abid'allah Wüstenbewohnern von einem anderen Stamm. Sie erkennen den jungen Mann aus Mezaina, der einen Delphin liebt, und rufen ihn heran. Unbedingt wollen sie mit eigenen Augen das Außergewöhnliche sehen, das man sich erzählt.

Sie schlagen ihm vor, mit dem Jeep zum Strand von Nuweiba Mezaina zu fahren, der jetzt meist Delphinstrand genannt wird. Abid'allah lässt sich nicht lange bitten, er ist zu stolz auf diese herzlichen Zeichen der Anerkennung von den Männern eines fremden Stammes. Angelockt durch die Legende, die bis tief in die Wüste gedrungen ist, fiebern diese nun, diese wunderbare Freundschaft zu erleben.

Olines Rückenflosse zieht vor dem Strand durch die Wellen wie ein Bündel von Sonnenstrahlen zwischen schwarzen Wolken. Ihre Energie überfliegt das Meer, und ihre Anwesenheit ist bis zum Riff und den Steinen am Ufer spürbar. Die Kinder stehen im flachen Wasser und rufen sie aus sicherer Entfernung, neugierig und etwas ängstlich. Sie bleibt weit draußen, dort, wo die Sonne vor dem roten Horizont untergeht.

Sobald jedoch Abid'allah unter den Palmen erscheint, nähert sich ihre Flosse wie durch Zauberhand in gerader Linie dem Strand. Sie erwartet ihn. Und er wirft sich ins Wasser, um zu ihr zu schwimmen, vergisst die anderen hinter sich. Seine weißen Zähne blitzen, und sein Lächeln reicht bis zu den Wurzeln seines dichten Haars.

Oline macht einen Sprung von einem Meter über der Meeresoberfläche. Es ist wie eine Explosion oder ein zu

Wasser gewordenes Feuerwerk: Sie finden zusammen wie zwei Liebende von entgegengesetzten Polen und fallen einander in die Arme. Die Zuschauer hören das mächtige, laute Lachen Abid'allahs und sehen die Wasserfontänen des Glücks. Dieser Freudenausbruch unter der runden Kugel der heiteren Sonne lässt niemanden unberührt, und man vergisst beinah, dass es sich um einen Menschen und einen Delphin handelt! Nun tragen auch diese Nomaden eines anderen Stammes mit einem Lächeln die Botschaft weiter, die sie aus diesem Lehrstück der Liebe empfangen haben.

Von Dorf zu Dorf, von Stadt zu Stadt, nach Nabek oder Scharm el-Scheich tragen die Zeugen den Bericht über das Geschehen von Mezaina, und auch die Ausländer, die Gelegenheit haben, mit den Einwohnern zu reden, hören von dem Delphin, der jeden Tag mit einem jungen Mann schwimmt. Sie sind sehr neugierig und machen sich auf den Weg an die Küste, um diesen abgelegenen Ort ohne Hotel und ohne Touristen zu suchen, zu dem sie kein Hinweisschild und keine Asphaltstraße führt.

Wenn sie immer wieder nachfragen, gelangen sie schließlich zu einem leeren Strand, auf dem einzig ein Steinhäuschen steht: das Café der Mekhassen. Die Besucher werden empfangen wie Paschas und beschließen, eine Weile an diesem flachen, einsamen Ufer zu bleiben.

Nachdem sie Kaffee, Tee, *Tehina*, ein Sesamgebäck, und *Musakahan*, den gebackenen Brotfladen der Beduinen mit in Olivenöl gebratenem Huhn und Zwiebeln und gewürzt mit Paprika und Sumach, genossen haben, wenden sie ihren Blick zum Meer und halten nach dem Delphin

Ausschau. »Es ist ein Weibchen«, versucht Abid'allah mit der ihm eigenen Leidenschaft und Begeisterung zu erklären. Er spricht die Worte langsam und mit sichtbarer Mühe aus. Die Silben kommen eine nach der anderen hervor, kehlig und tief. In der ungestörten Ruhe Mezainas, mit Aufmerksamkeit, Respekt und Neugier ist es leicht, ihn zu verstehen.

Die gesamte Familie Mekhassen, der Vater, Onkel Ibrahim und Id, alle amüsieren sich sehr über das, was hier geschieht. Oline bringt ihnen die ersten Kunden, die auf der Suche nach dem Delphin zwangsläufig auf das Strandhaus stoßen. Das Café, das einst zum Scheitern verurteilt schien und verlassen auf einem Strand stand, den niemand je besuchte, dient immer häufiger als Treffpunkt: Die Karawanserei des Delphins! Die Touristen schlafen gern unter freiem Himmel und nehmen alle Mahlzeiten hier ein. Sie genießen die Kochkunst von Jamila, Ibrahims junger und talentierter Frau. Wenn nicht Abid'allah selbst an den Töpfen steht. Es ist sein größter Wunsch, den ersten ausländischen Gästen einen unvergesslichen Aufenthalt zu bereiten.

In wenigen Tagen entdeckt er ihnen die ebenso zauberhaften wie geheimnisvollen Orte an der Nord-West-Küste des Sinai. Zunächst die Blue Hall, ein unterirdisches Loch von scheinbar unendlicher Tiefe. Schon wenn man über diesem Kamin schwimmt, der so eng ist, dass man nur einzeln hineintauchen kann, packt einen der Schwindel. Man spürt, wie einen die blaue Nacht, von der jetzt nur der äußerste Rand wahrnehmbar ist, gleichsam aufsaugt. Hinter Abid'allah lassen sich die Gäste in die Spalte gleiten, und dann stürzen sie hinab bis zu dem Felsenbecken in 35 Meter Tiefe. Die Sonnenstrahlen und die Schermesserfische begleiten sie in wunderschönem Gegenlicht. Sie schweben in vollkommener Schwerelosigkeit … vorbei an einem atemberaubenden Relief.

Nach einer kurzen Pause führt Abid'allah sie zur Shark Bay, der Haifischbucht. Zum Tauchen ist dies wohl der beeindruckendste Ort auf der ganzen Welt. Dort laufen sie lange in leichten Sandalen über die Feuerkorallen, deren Berührung die Haut stundenlang brennen lässt. Als Abid'allah und seine Gäste die Wand des Riffs erreicht haben, tauchen sie mit Brille und Schnorchel über den rosafarbenen, blauen, grünen und gelben Algen dieses sehr zerklüfteten Korallenriffs. Es ist 800 Meter tief, und die Vorfahren der Nomaden nutzten seine zahlreichen Höhlen als Verstecke. Oft sind Haie in dieser Gegend, und niemand wagt sich zu weit hinaus. Zuweilen zieht eine außergewöhnlich starke Strömung mit einem Mal Schwärme von riesigen Barrakudas, Meerbarben oder Schnappern heran, die so lange in den dunkelblauen, klaren Strudeln ihren Reigen tanzen, bis ihre Feinde, die Seiden- und Hammerhaie, nahen.

Abid'allah stellt ganz erstaunt fest, dass für die Fremden alle Wunder des Sinai nichts sind im Vergleich zu ein paar Minuten in Olines Nähe! Allein der Anblick ihrer Rückenflosse, die die friedlichen Fluten durchschneidet, versetzt sie in Begeisterung.

Jeden Morgen kommt Abid'allah zu ihrem gewohnten Treffpunkt und ruft sie: »Oline! Oline!« Die Laute sind nicht ganz deutlich, aber seine kehlige Stimme ist laut, sie hallt und wirkt fast beängstigend. Nach ein oder zwei Minuten taucht der Delphin hinter dem Korallenriff auf … Dann führt Abid'allah seine erwartungsvollen Gäste ins Wasser, sie schwimmen nah an Oline heran und entdecken das unvergleichliche Meeresballett der beiden Liebenden. Schnell verwandeln sich ihre Gesichter in ein glückliches Lächeln, das ihnen niemand mehr nehmen kann.

Eines Morgens kommen Id und Ibrahim Mekhassen aus dem Tal Um Zarib zurück. Auf dem Boden des Schiffes stehen in Körben Vorräte an Datteln und Olivenöl. Als sie noch über 500 Meter vom Strand von Mezaina entfernt sind, beginnt plötzlich der Motor zu stottern, er geht aus und ist nicht wieder zu starten. Die Männer sind ärgerlich. Beide können nicht gut genug schwimmen, um die Küste zu erreichen. Sie sehen einander ratlos an. Müssen sie jetzt hier auf Hilfe warten? Rufen nützt nichts, sie sind zu weit entfernt. Nach ein paar Minuten fühlen sie, wie ein großes Tier heranschwimmt. Es ist Oline, die das Boot zu inspizieren scheint! Ibrahim holt die Fangleine heraus und wirft sie ins Wasser, um ihr klarzumachen, dass sie Abid'allah holen soll … Wie spricht man mit einem Delphin? Der Onkel ist ratlos, obwohl er doch sonst Rätsel so sehr liebt … Da schwimmt vor ihm die beste Freundin seines Neffen, und er weiß nicht einmal, wie er ihr die Situation erklären soll. Zu Ids größter Überraschung beugt er sich über das Wasser, fast Nase an Nase mit dem schönen Tier, und ruft sehr laut: »Abid'allah! Abid'allah!« Man kann ja nie wissen: Vielleicht hat sie schon mal gehört, wie ihr Freund seinen eigenen Namen aussprach, als er mit ihr spielte, weil er sehr fröhlich war, glücklich darüber, mit ihr zusammen zu sein, und glücklich, sprechen zu können!

Aber Oline bleibt da. Sie kreist erneut um das kleine Boot, dann findet sie die Fangleine, schiebt den Kopf hinein und beginnt, das Boot langsam zu ziehen. Id und Ibrahim können es kaum fassen. Sie bringt sie zurück zum Riff, 500 Meter weit, bis sie Grund unter den Füßen haben!

Abid'allah ist nicht da, um zu sehen, wie der jubelnde Clan diesem Gespann Beifall klatscht. Ibrahim kann es auch nachher noch nicht begreifen. Man weiß so wenig über die Beweggründe der Delphine. Auch Abid'allah stellt später schulterzuckend fest: »Manchmal verstehe ich sie nicht ...« Aber das bedrückt ihn keineswegs, denn Oline kann ihm sehr gut verständlich machen, was sie von ihm will.

Ich glaube, dass die wahrhafte Identität des Delphins sowie seine magische Beziehung zum Menschen auf ewig ein Rätsel bleiben werden, das uns nicht loslässt. Wir wissen zumindest, dass er mit einem Säugling zu vergleichen ist und in einem synästhetischen Zustand mit der ihn umgebenden Welt lebt, also mehrere Sinnesempfindungen miteinander verbindet: Töne, Farben, Formen, Berührungen. All das ist für ihn in einer einzigen, mehrdimensionalen Information vereint. Das Sonar, dieses faszinierende Echographiegerät, übernimmt einen großen Teil dieser enormen Wahrnehmungsleistung. Delphine stellen ganz selbstverständlich Dutzende von Querverbindungen her. Sie haben eine völlig andere Wahrnehmung und Vorstellung von der Welt als wir.

Dennoch haben viele Wissenschaftler in den letzten fünfzig Jahren wertvolle Erkenntnisse gewonnen. Die unterschiedlichen Versuche, Delphine oder Wale zu verstehen, sind faszinierend, denn für jeden, der einen näheren Kontakt zu Delphinen aufbauen konnte, hat sich das Leben geändert. Ich habe nach Büchern gesucht, die mir Abid'allahs Geschichte verständlicher machen könnten. Dabei ist mir aufgefallen, dass immer wieder bewegende persönliche Erlebnisse am Ursprung der Delphinforschung standen. Oftmals haben die heute glühendsten Verteidiger der Meeressäuger früher auf hoher See Tiere für die Delphinarien gejagt und gefangen.

John Lilly, ein Spezialist für die Beziehungen zwischen Delphinen und Menschen, Jim Nollman, ein verrückter Musiker, der über die Melodien seiner elektrischen Gitarre mit ihnen kommuniziert, und andere, eher klassische Zoologen wie Paul Spong oder Louis Herman sind sich durchaus nicht immer einig in ihren Forschungsmethoden und -ergebnissen, aber sie liefern uns doch einige grundlegende und sehr hilfreiche Erkenntnisse. Sie schätzen, dass Delphine lediglich zehn Prozent ihres großen Gehirns gebrauchen, um die für sie nötigen Informationen aufzunehmen, während die anderen neunzig Prozent diese Informationen verarbeiten und nutzen. Delphine könnten zum Sinnbild für zahlreiche Dichter werden, die seit Baudelaire die Steigerung ihrer Empfindungs- und Wahrnehmungsfähigkeit als höchstes Ziel ansehen. Für John Lilly befinden sich Delphine in gewisser Weise in einem andauernden Zustand tiefer, transzendentaler Meditation. Er begreift ihre Kommunikation als Entsendung erotischer Signale.

Der berühmte Jacques Mayol, von dem die Idee zu dem Film *The Big Blue* stammt, der erste Mensch, der ohne Sauerstoffflasche in eine Meerestiefe von hundert Metern tauchte, erzählt in seinem Buch *Homo Delfinus*, wie die emotionale Beziehung zu Delphinen schon sehr früh sein Leben bestimmte. Im Roten Meer, das für seine reiche Delphinpopulation bekannt ist, hat vor allem ein Ereignis seine Zukunft geprägt.

Mayol war sieben Jahre alt. Er fuhr mit seiner Familie auf einem Dampfer über das südliche Rote Meer. Er stand auf dem Deck, als er zum ersten Mal Delphinen begegnete. Das Kind glaubte zunächst, Haifische zu sehen. Das geschieht übrigens nicht selten: Offensichtlich verbindet eine uralte Angst im Innern der Menschen den Anblick einer Rückenflosse zunächst mit einem Hai ...

Nach dem ersten Schreck war Mayol begeistert von den Wasserfontänen aus den Blaslöchern der Tiere, die nur wenige Meter vom Schiff entfernt schwammen. Er schreibt: »Was mich am meisten erstaunte, waren der lebendige, intelligente Blick, das ewige Lächeln und der fast menschliche Klang ihrer Pfiffe. (...) Ich spürte, dass wir etwas gemeinsam hatten, dass sie so etwas wie unsere Brüder aus den Ozeanen waren ...«

Abid'allah hat viele Ähnlichkeiten mit Mayol. Zweifellos verdient er den Titel *Homo Delfinus*: Auch er besitzt ein angeborenes, von Leidenschaft getragenes Gefühl für das Meer, das durch hartnäckige Arbeit eine fast spielerische Form angenommen hat, überströmende Energie, eine sehr eigene Persönlichkeit und einen fast magisch zu nennenden Umgang mit Tieren. Ein Gedanke kommt mir in den Sinn: Wenn Abid'allah Mekhassen Jacques Mayol treffen würde ... Vielleicht müssten sie nur zusammen schwimmen, um einander zu kennen. Oder sie hätten sich vielleicht nur wenig mitzuteilen, weil sie sich im Grunde zu ähnlich sind, um etwas austauschen zu können.

Mayol erzählt auch das Erlebnis, das den Delphin für ihn zu einem Vorbild gemacht hat: Es ist eins seiner aufregenden Abenteuer mit Clown, dem gefangenen Star im Delphinarium von Miami, wo Mayol als Assistent arbeitete. Wenn er die Innenscheiben des großen Delphinbeckens putzte, dem Lebensbereich, Haus und Gefängnis von Clown, trug er unter Wasser einen Taucheranzug und rieb eifrig die Scheiben, durch welche die Zuschauer das Alltagsleben und die eleganten Bewegungen der Tiere beobachten konnten. Er war eng mit diesem Delphinweibchen befreundet, sie spielten jeden Tag zusammen. Nach einigen Monaten bemerkte er etwas so Unglaubliches, dass er mehrere Wochen brauchte, um es zu glauben.

Wenn er guter Laune war, kam Clown heran, knabberte an seiner Kleidung und amüsierte sich mit ihm. Wenn er sich aber langweilte, wenn er traurig war oder an seine persönlichen Probleme dachte, schwamm sie hinter ihm vorbei, gab ihm mit ihrer Flosse einen Klaps auf den Rücken und widmete sich ihren sonstigen Beschäftigungen. Und wenn Mayol es sehr eilig hatte und sich bemühte, schnell fertig zu werden, kam sie überhaupt nicht. Clown schien immer über seine Stimmung Bescheid zu wissen … »Der Mensch kann nicht immer alles erklären«, kommentiert Jacques Mayol. Er glaubt, dass die Delphine im Umgang miteinander, aber auch mit den Menschen über so etwas wie telepathische Fähigkeiten verfügen.

Inbal ist offenbar die einzige Ausbilderin in der Delphinbucht, die so denkt wie Mayol. Sie hat im Laufe der Jahre zu viele vergleichbare Situationen erlebt, erzählt sie mir, um noch an diesem Vermögen der Delphine zu zweifeln.

Sie ist in Tel-Aviv aufgewachsen, spielte dort immer im Meer. Als Kind verdiente sie sich ihr Taschengeld mit dem Verkauf von Fischen, die sie gefangen hatte. »Mein Kleinmädchentraum war, mit Flipper zu spielen ... Aber ich dachte, man müsste so wie im Fernsehen Englisch sprechen, um mit Delphinen zusammen zu sein. Heute sind sie meine besten Freunde, und wir verstehen uns ohne ein Wort! Ich glaube, ich erkenne ihre Stimmungen, ihre Wünsche. Wenn ich nicht bei der Sache bin, gehen sie mir aus dem Weg. Wenn ich dagegen ganz große Lust habe, mit ihnen zusammen zu sein, kommunizieren wir durch die Spiele, die wir gemeinsam erfunden haben. Alles findet in der Sprache der Körper und der Mimik statt.« Inbal spricht gern von Telepathie bei ihren Tieren. Sie hat mir eine erstaunliche Geschichte erzählt und mir geraten, es selbst auszuprobieren. Was ich auch getan habe – ohne Ergebnis. Inbal liebt die Seepferdchen, jene winzigen Dinosaurier des Meeres. Als sie eines Tages auf einem Holzsteg saß und die Mäuler von Syndi, Shendi und Domino streichelte, dachte sie an diese kleinen Tierchen. Damals trainierte sie alle drei Delphine, aber mit Domino war sie besonders eng verbunden. Der Delphin verschwand, und nach ein paar Minuten kam er mit einem kleinen, lebenden Seepferdchen zurück. »Domino hat das Maul weit geöffnet und es mir gegeben!«, erzählt Inbal mit einem Lächeln auf den Lippen. Sie ist daran gewöhnt, dass man sie in Elat als Träumerin bezeichnet, aber all dessen, was sie mit ihren Freunden, den Delphinen erlebt, ist sie sich sehr gewiss.

Die Erfahrungen, die Mayol mit Clown und Inbal mit Domino gemacht haben, besitzen eine wesentliche Gemeinsamkeit mit denen von Abid'allah und Oline: Ihre Beziehungen beruhen auf gegenseitigem Vertrauen und ganz wichtigen Augenblicken wahrer Nähe. Es ist nicht recht klar, warum, aber Abid'allah war nicht in der Lage, mit anderen Menschen richtig vertraut zu werden. Nur mit Oline vermochte er eine wirkliche Beziehung einzugehen. Es gibt aber auch einen wesentlichen Unterschied zwischen Abid'allahs Freundin und Clown und Domino: Oline ist vollkommen frei, und ihre Kontakte zu den Menschen sind freiwillig. Abid'allah und Oline sind beide zu Hause in Mezaina und im Roten Meer, es ist ihnen überlassen, zu kommen und zu gehen, jeder hat die Wahl, zum anderen in Beziehung zu treten oder nicht. Für sie gilt die Zeitrechnung der Beduinen, sie können so lange zusammen sein, wie sie wollen. Eine Stunde kann ein Tag oder ein Monat werden. Und sie sind vor allem beide selbständig. Ihr Leben hängt niemals vom anderen ab. Die Freundschaft zwischen Abid'allah und Oline beruht auf absoluter Gleichberechtigung.

Man weiß zwar, dass in der Geschichte der Menschheit Delphine sich den Menschen zuweilen als Botschafter genähert haben, aber das ist absolut außergewöhnlich: Nur sehr wenige Delphine entscheiden sich, in Kontakt mit einem oder mehreren Menschen zu treten. Die Tiere, die gefangen werden, sind wahre Geiseln, die lebenslänglich den Launen des Menschen ausgeliefert sind. Sie leben auch nicht lange in ihren Becken und sterben jung.

Oline und Abid'allah haben sich gefunden. Beide waren vereinsamt – sie sind einander begegnet und gemeinsam erwachsen geworden. Viele haben nach einer rationalen Erklärung für diese Verbindung gesucht. Sie behaupteten, dass Oline von ihren Artgenossen ausgestoßen worden, sozusagen eine Asoziale sei. Sie hätte demnach in Abid'allah das einzige Wesen gefunden, das sich für sie interessieren konnte und umgekehrt. Aber die Zukunft sollte diese voreiligen Analysen widerlegen.

Strand von Mezaina, Sommer 1995

Abid'allah und Fatma sitzen einander gegenüber auf den bunten Teppichen in ihrem Hof. Sie liest aus den Krümmungen und Schnörkeln im Kaffeesatz an den Wänden seines Glases. Darin sieht sie die Prophezeiung der Kindheit wieder, die einst ihre Mutter aussprach, und sie flüstert: »Abid'allah, du musst dich vor dem Meer in Acht nehmen ...« Sie sieht auch, wie Oline die Fluten durchschneidet. »Mein Sohn ... sie wird dich verlassen.« Fatma spricht ohne viele Worte, fast lautlos. Dann sieht sie Abid'allah an, sie ist bereit zu wiederholen, was sie soeben gesagt hat. Aber er hat es sehr wohl verstanden und ist totenbleich. Mit einem Sprung ist er auf den Beinen, draußen im Meer bei seiner Freundin. Er drückt sie ganz fest an sich. Heute schwimmt er den ganzen Nachmittag neben Oline, und sogar die Nacht, die sich mit ihren dichten Schatten ausbreitet, holt ihn nicht aus dem Wasser. Wenn er doch eine Seekuh werden könnte oder irgendein Meeressäugetier, er würde keine Sekunde zögern. Es ist unglaublich, wie vollkommen er in diesem Element aufgeht, das viele Menschen als feindlich ansehen: dem Meer. Tödlich, rachsüchtig, mörderisch nennen es viele, aber für Abid'allah ist es Zuflucht, Liebenswürdigkeit und Genuss. Fischmensch, Seehundmensch, Delphinmensch? Abid'allah hat einen Sinn, der den anderen Menschen fehlt.

»Sie darf nicht weg ... ich wäre zu unglücklich«, verkündet er Jouma und Muhamad, als sie sich im Schneidersitz am Strand niedergelassen haben. Ihre Nacken werden vom leichten Nordwind gestreichelt. »Ich bitte Allah nur um dieses eine, in meinem ganzen Leben: Er soll mir Oline lassen ...« Die Tränen brechen hervor, strömen über sein junges, müdes Gesicht. Er ist so unglücklich, und dabei hatte er dieses Gefühl doch ganz vergessen. Diese Empfindung von Bedrohung, von unklarer Angst, von Scham, er glaubte sie für immer besiegt zu haben! Fatmas Vorhersage hat ihn in einen Abgrund gestürzt. Seine Freundschaft zu Oline ist kein außerordentliches Glück mehr, kaum noch ein Geschenk Gottes, sie ist ihm zur Lebensnotwendigkeit geworden. Er denkt, dass er ohne sie sterben wird.

Jouma beruhigt ihn. »Sie wird nicht verschwinden, warum sollte sie plötzlich fortschwimmen? Es geht ihr gut bei uns, ich bin heute noch mit ihr geschwommen, sie hat uns gern.« Abid'allah regt sich auf, wie es seine Art ist: »Fatma irrt sich nicht.«

Muhamad kennt Abid'allah gut. Er, der Zurückhaltende, Nachdenkliche, ahnt bereits die Verrücktheiten seines Freundes und überlegt, wie er ihn davon abhalten kann, seiner Angst zu folgen ... Abid'allah muss sich die Beine vertreten, er steht auf und rennt über den Strand. Als er zurückkehrt, findet er seine Kameraden unverändert in derselben Haltung. Sie sehen besorgt zu ihm auf.

»Du wirst sie doch nicht etwa in einen Käfig sperren wollen?« Muhamad empört sich schon im Voraus.

»Doch! Wir werden ein großes Netz spannen.« Abid'allah ist erleichtert, er streckt den Arm aus und zeigt nach Süden. »Ein Netz, Muhamad, vom Ende des Strandes, da, wo das Haus deines Vaters steht, bis zu Madane im Norden von Nuweiba Mezaina. Ein sehr großes Netz«, betont er. »Sie wird sich wohl fühlen, und wir, wir sind sicher, dass wir sie behalten.« Er klopft sich entschlossen auf die Brust, er hat alles durchdacht. Ein stolzes Lausbubenlächeln lässt seine Augen erstrahlen.

Muhamad und Jouma haben die Köpfe auf die Brust sinken lassen. Ihr Blick geht schwer wie Blei über den Sand, sie fühlen sich blind anstelle ihres Freundes Abid'allah … Welches Licht der Vernunft könnte ihn erleuchten, ihn, der nie auf jemanden gehört hat außer auf seine Mutter, die tot ist? Muhamad ist völlig niedergeschlagen. Soll er sich Abid'allahs Willen widersetzen? Er denkt nicht einmal daran. Ihm helfen, das Netz zu spannen? Dagegen sträubt sich sein Herz. Wie kann man ein solches Geschöpf einsperren, das in Freiheit gekommen ist, um das Glück ins Dorf zu bringen? Muhamad wird mit einem Mal bewusst, wie sehr er an Oline hängt. Sie hat auch sein Leben verändert, gut, er wird niemals hören können, aber er sieht mehr: das, was ihn umgibt, und seine eigenen Gefühle.

Die Nacht ist kurz, und die bunten Wolldecken, die wenige Meter voneinander entfernt auf den Freunden liegen, tanzen ein seltsames Ballett: das Ballett der Schlaflosigkeit und des Unbehagens. Die drei Männer bewegen sich hin und her, ohne einschlafen zu können. Der Friede scheint aus ihren Herzen verschwunden zu sein. Die Prophezeiung stört die Dunkelheit, verwandelt sie in Chaos. Am frühen Morgen, noch bevor der Nebel sich verzogen hat, bricht Abid'allah auf, erregt wie so oft und mit dem Lohn der letzten Arbeitstage in der Tasche. Er will lange Stränge Hanf kaufen.

Wenige Stunden später erscheinen mit strahlendem Lächeln Maya, Sophie und Oren, die Ratgeber aus der Delphinbucht. Hat jemand sie ganz eilig gerufen? Ich denke schon. Wahrscheinlich Muhamad, mithilfe eines seiner Brüder, die hören und sprechen können.

Abid'allah freut sich sehr, seine Freunde, die »großen Spezialisten«, wiederzusehen. »Was gibt's Neues?«, fragt Maya unschuldig. Er erzählt entschlossen, ohne zu zögern: »Ich werde Oline einsperren, hinter einem großen Netz, wie bei euch!« Alle reißen die Augen auf und werfen sich fragende Blicke zu. Maya, die wegen ihrer engen Beziehung zu Oline und wegen ihrer Erfahrung besonders geschätzt wird, spricht als erste: »Abid'allah, bisher warst du der Klügste. Du hast es besser gemacht als wir. Mach weiter so! Lass dich nicht von denen beeinflussen, die dir etwas einreden wollen.« Abid'allah entgegnet geradeheraus wie immer und sogar ein wenig stolz: »Das mit dem Netz ist meine Idee!«

»Deine Beziehung zu Oline ist ein Schatz. Wenn du sie einsperrst, wirst du alles verändern, sie wird unglücklich sein, und ihr könnt keine Freunde mehr sein wie vorher ...«

Nachdenklich steht Abid'allah auf, um Tee zu holen. Die Diskussion dauert den ganzen Tag. Dorfbewohner mischen sich ein, dann gehen sie wieder zurück an ihre Arbeit, und andere kommen hinzu.

Maya erklärt Abid'allah den Unterschied zwischen der Delphinbucht und Nuweiba Mezaina: »Du hast das, wovon wir träumen, wir bauen das, wovon du träumst. Unser Unternehmen ist dein Traum, deine Freundschaft zu Oline ist unserer!«

Jeder im Dorf hat einen kleinen Teil der Argumente gehört, jeder hat seinen Senf dazugegeben, und die Alten finden, dass diese Geschichte Abid'allahs Urteilskraft übersteigt. Sie wollen gemeinsam entscheiden. »Das ist eine Angelegenheit des Dorfes«, verkündet Scheich Ramadan. »Morgen versammelt sich der Rat der Weisen.«

Am Abend akzeptiert Abid'allah die Argumente seiner Ratgeber und spricht sich endgültig gegen das Netz aus. Er benachrichtigt die Alten. »Ich habe nachgedacht. Maya hat Recht, das Netz ist schlecht für Oline, also schlecht für uns alle. Man kann die Hand Allahs nicht einsperren.«

Ein frischer, reiner Morgen bricht an, belastet nur von den Fragen der Menschen. Muhamad sitzt da und erwartet das Urteil der Weisen. Tief in ihm aber brodelt ein Verlangen, das ihn zum Strand, zu seinem Freund treibt, um ihm zu helfen. Abid'allah steht in seinem Boot. Er ist bereit, sich wie ein Blitz über die Fluten davonzumachen, Oline in seinem Kielwasser hinter dem Boot. Er ist entschlossen: Er wird alles tun, damit sie frei bleibt. Wenn der Rat die falsche Entscheidung trifft, werden sie alle beide fortziehen.

Die Meinungen sind geteilt: »Eines Tages wird sie nicht mehr da sein, und wir werden wieder wie früher dastehen«, erklärt Scheich Ramadan selbstsicher. »Wir dürfen diesen Delphin nicht verlieren, er ist zu kostbar. Die Beduinen kommen jetzt schon von weit her, um ihn zu bewundern, sie respektieren uns dafür. Wir sind die Mezaini, der seit Generationen verfluchte Stamm. Kein anderer Beduine darf eine unserer Töchter heiraten. Vielleicht bedeutet dieses Geschenk für uns das Ende des Banns.« Seine Augen leuchten. Er hört sich sprechen, die anderen wiegen den Kopf unter ihrem rot-weißen Tuch. »Wir könnten ein Netz über die ganze Länge des Strandes spannen, vom Deich gegenüber der Hütte von Abid'allah bis zum Land der Atwa. Sie hätte viel Platz, und unsere Schiffe könnten etwas weiter nördlich anlegen«, schlägt Madane vor. Er ist unterwegs, während einer Wanderung geboren und zeigt stets einen Sinn fürs Praktische. Onkel Ibrahim zögert noch: »Madane, das ist möglich, das ist machbar, die Frage ist nicht, wie. Die Frage ist: Haben wir das Recht, so etwas zu tun?«

»Aber wie kann man einsperren, was uns Allah in seiner Größe gegeben hat?«, ruft Vater Mekhassen, der sich plötzlich heftig erregt: »Dieser Delphin ist vielleicht die Reinkarnation von Jamia, meiner Frau, gesegnet sei ihr Andenken! Wollt ihr sie zwischen Netze sperren, wo wir doch nicht einmal unsere Kamele anbinden! Wir lassen sie frei, wie Brüder. Man kann die Geschöpfe Allahs nicht gefangen halten!«

Ein kleines Frösteln geht durch die Blasen der beiden Wasserpfeifen. Das Geräusch des Atems im Wasser besänftigt wie immer die Geister. Der leicht duftende Dampf macht weise. Die Pfeifen werden in heilsamer Ruhe von Mund zu Mund gereicht. Alle großen Entscheidungen werden in diesem Kreis getroffen. Sind die Konflikte nicht zu lösen, kommt dem Scheich das letzte Wort zu. Stille breitet sich aus wie ein versöhnender Balsam. Die Alten überlegen. Dann ergreift wieder Scheich Ramadan mit ernster Stimme das Wort: »Aus Angst, Allah sonst durch Nichtachtung zu beleidigen, soll dieser Delphin in seinen Bewegungen frei bleiben. Allah sei mit uns!«

»Amin! Amin!«, antworten die Alten des Clans im Chor. Die Freude leuchtet aus ihren Augen und verbreitet sich über den Sand bis zu Muhamad, der sogleich aufspringt. Sein Gesicht strahlt wie ein Sommerhimmel. Er macht seinem Freund auf dem Meer wilde Zeichen. »Es ist gut, es ist gut!« Er springt ins Wasser, um zu ihm zu schwimmen. »Kein Netz mehr, kein Netz!« Erleichtert umarmen und küssen sie sich. Glücklich vereint schwimmen und spielen sie mit Oline, die ihre gute Laune zu teilen scheint, ohne zu wissen, welcher Bedrohung sie gerade entgangen ist. Abid'allah wiederholt immer wieder: »Ich hätte es niemals zugelassen, niemals, niemals!«, und Muhamad schweigt lächelnd, wie so oft.

Das ist eine vernünftige Entscheidung: Freiheit für den Delphin und für die Menschen das Risiko zu verlieren, wovon sie einen Moment lang dachten, sie könnten es beherrschen. Die alten Beduinen haben es begriffen: Wenn sie die Delphine einsperren und versuchen, sie zu beherrschen, sie in ihre Reichweite zu holen, damit sie nur den Arm ausstrecken müssen, um sie zu berühren, dann würden sie das Wesentliche an ihnen zerstören: ihre Wildheit und ihre Wahrheit. Natürlich lieben auch all jene Männer und Frauen die Delphine, die sie einsperren und sich um sie kümmern. Sie geben ihnen ihre ganze Zuneigung, aber es bleibt die Liebe des Kerkermeisters. In Hebräisch sagt man, aus jedem Übel entstehe etwas Gutes, und sei es noch so klein ... Dank der Delphinarien und der Tausenden von Delphinen, die heute in Gefangenschaft leben, nimmt die Öffentlichkeit im Westen großen Anteil am Schicksal der Meeressäuger überall auf der Welt.

Strand von Mezaina, Winter 1995

Abid'allah wirft einen Stein auf das Riff, um Oline anzukündigen, dass er kommt. Aber heute erscheint Oline nicht zu ihrem morgendlichen Rendezvous. Abid'allah, Muhamad und Jouma suchen ihren Schützling überall im Meer. Die kleinen Fische für sie liegen wie üblich auf dem feuchten Boden des Bootes ... aber Oline bleibt verschwunden.

Abid'allah lässt sich von der Lava des Zorns mitreißen. Muhamad fühlt sich etwas schuldig und geht seinen trüben Gedanken nach. Letztendlich ist auch er verantwortlich für Olines Freiheit. Jouma hingegen findet es diesmal zu gefährlich, den Hanswurst oder Prügelknaben vom Dienst zu spielen, und bringt lieber seinen kleinen Cousin in den Hafen von Nuweiba, um ein *Fatir* zu naschen. Wir können nichts machen, denkt er, sie wird schon zurückkommen ... Manchmal erwärmt sein grenzenloser Optimismus die Herzen der Zweifler, dann wieder bringt er diejenigen zum Wahnsinn, denen es zu schlecht geht, um ihm zuzuhören. Dabei hat auch er Angst, Angst davor, dass diese Ereignisse sie trennen könnten, sie, die Unzertrennlichen: Abid'allah, Muhamad und Jouma, die drei kleinen tauben Kameraden von der Küste. Fatmas Prophezeiung lastet schwer wie ein Tank auf dem Sinai.

Zweiter Tag ohne Oline. Sie sitzen nebeneinander am Strand, bewacht von der schwachen, vergänglichen Flamme einer Kerze in der undurchdringlichen Dunkelheit der warmen Nacht. Muhamads Atem, Abid'allahs glühende Augen, Joumas verlegene Finger, die im Sand spielen ... Verzweiflung macht sich breit.

Am dritten Tag hat der Morgen die Farbe von Olines Haut. Der Himmel hat sein Graublau über das türkisfarbene Meer gelegt. Abid'allah hat wieder die Maske des armseligen, cholerischen Dorftrottels angelegt, in seinen Augen liegt eine Spur von Herausforderung. Die anderen sind traurig, nichts anderes, nur traurig. Das ganze Dorf, die Frauen in den Höfen, die Kinder, die am Strand und zwischen den Zelten spielen, die Alten, die beten oder schlafen, die Besucher, alle warten.

Tag vier. Mittwoch. Sie warten schweigend. Die Beduinen verstehen es, die Stille nicht zu stören. Sie achten sie so wie das Wort. Stunden, die man mit einem Fremden verbringt, ohne ein Wort zu sagen, sind manchmal ebenso viel wert wie alle Aufmerksamkeiten der nächsten Angehörigen. Man kann einen Menschen der Wüste nicht bedrängen, man wird ihn auch keinem anderen Gesetz unterwerfen als seinem eigenen, lieber würde er sterben. Gleich den Delphinen, wie es scheint.

Hier misst sich die gegenseitige Achtung ganz und gar an Kleinigkeiten und an Wahrheiten. Was du gibst, musst du auch zurückerhalten. Was du erhältst, ist für immer dein. Und teilen bedeutet leben.

Oline ist nicht zufällig in Mezaina geblieben: Vielleicht hat sie die Beduinen erwählt, noch ehe sie Abid'allah kannte. Vielleicht haben die Werte, denen sie hier begegnet ist, sie dazu gebracht, ganz nah bei diesen Menschen der Wüste zu leben, die nicht immer schwimmen können und die Flaschen oder Plastiksäcke achtlos in die Natur werfen.

Der fünfte Tag ist der Daumen, der die Faust der Hoffnung schließt. »Allah gibt, Allah nimmt«, liegt auf allen Lippen, und Er hilft allen, langsam zu neuem Leben zu erwachen. Abid'allah bringt vom Fischen nur noch Tintenfische mit, die man in Olines Abwesenheit für sie auf Wäscheleinen trocknet. Er schläft nicht mehr, er isst nicht mehr. Seine Tränen schmecken nach Staub. Er sucht den Horizont mit den Augen ab, wirft hin und wieder einen Stein ins Wasser … um diejenige anzulocken, die er sein Weib nennt. Er hört auf keinen der besorgten Dorfbewohner. Sein Schmerz macht auch die Galabyas seiner Freunde, die wie er ziellos umherirren, zerknittert und grau.

Der sechste Tag, Freitag, heiliger Tag, schließt die Woche ab. Der Muezzin ruft zum Gebet. Sein Gesang lädt ein und bezaubert: »Allah ist der Größte, *Allah hou Rahman*, Allah ist barmherzig.« Abid'allah steht auf und geht zum ersten Mal vor Dutzenden von erstaunten Augen nach vorn, um zu beten. Der Islam der Beduinen ist sehr gemäßigt. Sie beten und halten sich fern von den Dogmen und den Muftis aus der Stadt.

In der Bibel und im Koran steht, dass Gott am siebenten Tag geruht hat. Sein Diener Abid'allah ist vor Müdigkeit und Schmerz unter den Palmen am Strand zusammengebrochen.

Es ist elf Uhr morgens, die Sonne steht im Zenit und zeichnet warme und ständig wechselnde Muster auf seine entspannte Wange. Muhamad stürzt sich auf ihn, wie ein glücklicher Adler auf seine ahnungslose Beute. Abid'allah wirft sich heftig auf seinem Lager herum. Im nächsten Augenblick stützt er sich auf einen Arm, um den Freund vor Wut zu ohrfeigen. Da sieht er aber schon durch die halb geschlossenen Augen dessen strahlenden Blick. Sofort hat er verstanden. Seine Flügel schlagen beiseite, was sich ihm auf dem Weg zum Meer entgegenstellt. Der Wind trocknet seine Tränen. Sie ist zurückgekehrt.

Die Moschee ist von tiefer Freude erfüllt. Das Murmeln der Gebete ist eine große Treppe, die Abid'allah bis ins Paradies führen könnte, hätte er nicht zu große Angst, sich vom Meer und von seinem Weib zu entfernen, wenn er sie hinaufsteigt. Seine Tränen glänzen vor Sonne. Er umarmt die Nachbarn auf der Straße, Männer und Frauen, zumindest die Frauen aus seiner Familie. Sein ganzes Kleingeld gibt er den Kindern, die sich über dieses unverhoffte Volksfest freuen.

Abid'allah wiederholt vor der ganzen Runde: »Oline ist verschwunden, um mich zu bestrafen, weil ich sie einsperren wollte.« Seine Schultern heben sich und treffen sein Lächeln: »Ich werde es nie mehr tun! Sie bleibt frei, und es ist gut so. Wenn sie fort will, sehr gut, soll sie davonschwimmen, wenn sie wiederkommen will, ist sie willkommen. Sie ist frei!« Er ist glücklich, und sein Selbstvertrauen ist zurückgekehrt. Dennoch hat ihr Verschwinden etwas in ihm verändert: Er fühlt sich nun verantwortlich für den Delphin und beschließt, jeden Morgen fünf bis zehn Kilo von seinem Fang für sie abzuzweigen. Er ist erwachsener geworden. »Ich liebe sie, ich liebe sie, und sie liebt mich auch!«, brüllt Abid'allah allen entgegen, die er trifft, selbst wenn sie ihn noch nicht kennen. Er verbirgt seinen Stolz nicht: »Oline ist mein Weib. Wenn ich heirate, wird sie mich verlassen, zu Recht.« Sein Vater folgt ihm, wann immer er kann, um allen, die diese Worte seines Sohnes hören, zu erklären, dass er natürlich nur scherzt!

Auch Muhamad hat sich verändert. Er wagt jetzt kundzutun, wie nah er Oline steht, auch wenn er sich nicht wie sein Freund in begeisterten Liebeserklärungen ergeht. Und während Abid'allah tatsächlich allmählich zur Galionsfigur, zum Sprecher für Oline und das Dorf wird, kümmert sich Muhamad um den Alltag, wenn sein rastloser Freund wieder einmal verschwunden ist.

In Mezaina tauchen neuerdings seltsame Gestalten auf. Frauen und Männer mit großen Rucksäcken auf dem Rücken, in Jeans und mit Tüchern im hellen Haar. Die oft vom Sonnenbrand etwas fleckige Nase strecken sie in die Luft, um alles wahrzunehmen, was sie umgibt, und sich ihre künftigen Erinnerungen an diese mutige Reise besser einzuprägen. Sie ähneln einander in ihrem Lächeln von Menschen, die müde sind und gleichzeitig stolz darauf, es zu sein. Sie wissen, dass sie hier finden werden, was sie suchen. Sie schreiten voran, ihr Körper zögert etwas, stets sind sie bereit anzuhalten, wenn man sie dazu einlädt, selbst dort, wo es keinen Brunnen und kei. nen Schatten gibt. Diese Ausländer auf der Durchreise schmeicheln der traditionellen Gastfreundschaft der Beduinen, die schnell den Grund für dieses plötzliche Interesse begriffen haben. Für die Touristen war Mezaina immer der uninteressanteste Ort des Sinai, das wissen sie. Hier gibt es keinen weißen Sandstrand wie in Mahagana, keine außergewöhnlichen Tauchgründe ... Nördlich und südlich von Mezaina ist es so wunderschön – warum sollte man in diesem Ort Halt machen? Nun aber irren sie mal zu zweit, mal zu fünft durch die Dorfstraßen, suchen in Englisch, in Hebräisch oder in stammelndem Arabisch nach dem Strand des »Delphinmenschen«, denn viele kennen nicht einmal den Namen ihres Helden.

Die ersten Gäste von Abid'allah waren fasziniert von dem Abenteuer, das sie in Mezaina erlebt hatten. Sie haben in der Heimat von ihrer Reise erzählt und dort bei vielen eine wahre Berufung geweckt. In Europa, Australien, Israel und natürlich auch in Ägypten sind richtige Fangemeinden entstanden. Und nun kommen sie selbst, um diesen Wunderdelphin zu bestaunen.

Die Kinder oder die Alten führen die Touristen in das kleine Restaurant, das Abid'allah und sein Bruder Id erbaut haben. Auf dem Kiesstrand, neben dem alten blassblauen Boot wirkt das Häuschen aus groben Steinen recht stolz. Einst stand es im Zentrum von Spott und Sorge, jetzt ist es das Sinnbild einer einzigartigen Freundschaft, deren Echo noch jenseits des Ozeans zu hören ist.

Muhamad empfängt sie, wie er mich beim ersten Mal empfangen hat. Mit seinem liebenswürdigen und großmütigen Schweigen. Seinem Tee. Seinen ordentlich aneinander gelegten Teppichen, die von Dattelpalmenstämmen gesäumt sind.

Oline wartet brav ein paar Meter entfernt hinter dem Riff im Meer. Sie bewohnt schon die Träume all jener, die jetzt ungeduldig darauf warten, sie zu sehen, ihr nahe zu kommen, sie zu berühren. »Und ihr fasst sie an? Ihr spielt mit ihr?«, fragen alle Besucher ungläubig.

Nach dem Tee nehmen Abid'allah und Muhamad die neugierigen Gäste mit in ihr blaues Boot. Stolz, sogar ein wenig angeberisch tauchen die jungen Männer mit Oline im Meer, begleitet von den Blicken der Besucher, die von der Wirklichkeit dieser Traumbilder wie hypnotisiert sind. Das Gerücht ist wahr! Sie sind tatsächlich Freunde! Die Zuschauer sind fasziniert, einem freien Delphin so nah zu sein, überwältigt von dem Strom der Zuneigung und Verständigung, der zwischen ihm und den jungen Männern fließt. Nie werden sie dieses Abenteuer vergessen.

Seit Oline nach Mezaina gekommen ist, besucht ein junger Wissenschaftler namens Oz Goffman regelmäßig das Dorf. Er fotografiert, macht ein paar Notizen und verschwindet wieder. Natürlich kennen ihn bald alle am Strand. Allmählich spricht sich herum, wer er ist. Oz leitet in Haifa, etwa 500 Kilometer hinter der israelischen Grenze, das Zentrum zur Erforschung und zum Schutz von Meeressäugetieren.

Im Laufe der Zeit beantwortet er Abid'allah und Muhamad alle Fragen. Durch ihn erfahren sie, dass Oline etwa zwanzig Jahre alt ist, was man an den kleinen weißen Spuren am Maul und an den breiten, abgenutzten Zähnen ablesen kann. Die beiden jungen Männer haben sich nie mit Zoologie beschäftigt, sie hatten auch nie Gelegenheit, andere Delphine, sei es in Gefangenschaft oder gar in Freiheit, zu beobachten. Sie können weder lesen noch schreiben, in keiner Sprache. Sie kennen nur Oline, deren Sprache und ihre eigene Zeichensprache. Also erkundigen sie sich über Oline. Auch Oz Goffman ist zum Ratgeber und Freund geworden. Wenn man ihn kennt, weiß man, was das bedeutet, denn er ist vor allem ein Wissenschaftler …

Oz kommt regelmäßig, und ihr Austausch ist sehr fruchtbar. In gewisser Weise ist er Olines Tierarzt, auf jeden Fall sorgt er für ihre Sicherheit, und hätte sie ein gesundheitliches Problem, würden die Mezaini ihn rufen, ihn oder die Ratgeber aus der Delphinbucht, und die würden sich um alles kümmern.

Sommer 1996. Abid'allah füttert Oline jetzt jeden Tag. Oz bietet an, ihm zu zeigen, wie man dem Delphin die Sprünge und akrobatischen Figuren beibringt, mit deren Hilfe er sich seine Fische selbst fangen kann.

An diesem Morgen knien Abid'allah, Muhamad und Oz also in dem blauen Boot. Sie freuen sich, zusammen zu sein, und sind etwas aufgeregt. Den ersten Vorführfisch schnappt Oline Oz aus der Hand, als er einen Moment unaufmerksam ist. Die Spannung steigt ein wenig, denn der Dresseur muss die Situation unter Kontrolle behalten … Die Rolle des Tieres besteht darin, den Anweisungen Schritt für Schritt zu folgen, um dem Menschen die Illusion zu lassen, dass er die Fäden in der Hand hat.

Abid'allah zeigt Oline einen zweiten Fisch, den er ganz dicht über dem Wasser hält. Oline beobachtet das Ganze und schwimmt an dem Köder vorbei. Ihr Sonar ist in Betrieb, weil sie die ungewöhnliche Aufregung ihrer Freunde zu verstehen sucht, die ihr natürlich nicht entgangen ist. Da sie nichts Verdächtiges bemerkt, schnappt sie den Fisch, als sie zum dritten Mal an ihm vorbeischwimmt. Nun ist Muhamad an der Reihe. Er folgt den Anweisungen von Oz, hebt die Hand beständig höher und bietet Oline jedesmal einen noch leckereren Fisch an.

Drei Tage. Es hat drei Tage gedauert, bis Oline sich herabgelassen hat, mit ihren 200 Kilogramm aus dem Wasser zu springen. Natürlich braucht sie die Nahrung nicht, die ihr von den Freunden angeboten wird. Sie sucht nur ihre Aufmerksamkeit und ihre Liebe. Nur wegen der Ermunterungen und Liebkosungen ist sie bereit, sich an diesem neuen Spiel zu beteiligen.

Erst springt sie fünfzig Zentimeter, dann zwei Meter aus dem Wasser, überall am Strand applaudieren die Dorfbewohner und Besucher. Dank der Kraft ihres muskulösen Körpers kann sie mit scheinbarer Leichtigkeit in der Luft rasche Drehungen ausführen. Die Wendig- und Biegsamkeit, die Oline bei diesen Figuren zeigt, erzwingen die staunende Bewunderung aller Zuschauer. Spielt Abid'allah das neue Spiel mit ihr, treibt Oline die Erregung auf den Höhepunkt. Dann legt sie all ihre Energie in den Wunsch, ihrem Freund zu gefallen, und bietet eine phantastische Vorstellung.

Jetzt weiß Oz nicht mehr, ob es gut war, die Beduinen auf diesen Weg zu führen. Die kleine, spielerische Übung kann schnell zu einer Touristenattraktion werden und die Beziehung zu Oline verändern. Abid'allah scheint zwar sehr begeistert zu sein, aber die Mühsal der täglichen Vorbereitungen, die Launen des Delphins und sein aufbrausender Charakter lassen ihn oft die Nerven verlieren. Sogar Muhamad hat beschlossen, sich nicht mehr in Olines Dressur einzumischen, die sein Freund bald als sein Privileg beansprucht hat. »Er hat Angst, dass man ihm Oline wegnimmt, er ist eifersüchtig, das macht ihn verrückt!«, erklärt Muhamad Oz. Aber letztendlich sind alle zufrieden, vor allem die Touristen, die von dem großartigen Schauspiel begeistert sind.

Strand von Mezaina, Herbst 1996

In Abid'allahs Körben zappelt es wild. »Vierzig Kilo!«, verkündet er kühn und zeigt auf das Netz, das er in der Hand hält. Er übertreibt ein wenig, aber alle kennen inzwischen sein Maß: Eine Null wegnehmen und mit zwei multiplizieren. Alles ist bereit: der Fisch, das Boot, das unveränderlich schöne Wetter, Abid'allah als Trainer, angestachelt durch die jungen Holländerinnen, die am Vorabend angekommen sind, Muhamad am Herd. An diesem Nachmittag, nach der Mittagsruhe möchten sie ein Fest aus dem Schauspiel und der Akrobatik des Delphins machen. Als die Touristen am Strand sitzen, zeigt Abid'allah Oline einen Fisch im Boot. Sie richtet sich auf und versucht, den Köder zu packen, ohne mehr als den halben Körper aus dem Meer zu heben. Beim zweiten und dritten Versuch gleitet sie unter dem Arm ihres Freundes hindurch, ohne zu springen. Sie weigert sich, auch nur den kleinsten Satz aus dem Wasser heraus zu machen … als hätte sie Blei geschluckt. Besorgt denkt Abid'allah, dass sie sich nicht wohl fühlt. Unter Wasser wirkt sie vollkommen normal. Muhamad meint, sie würde zu viel essen. Es stimmt, sie ist dicker geworden, alle haben es bemerkt. »Abid'allah«, schimpft Muhamad, »du gibst ihr zu viel zu essen, du musst aufhören mit deiner Extrakost.« Abid'allah wird wütend. Er fährt wieder fischen, diesmal für den Verkauf. Muhamad kümmert sich um die Gäste, die etwas enttäuscht und von der Hitze erschlagen auf den Teppichen sitzen. Ihre Nasen sind schon weniger rot.

»Ich glaube nicht, dass Oline zu dick ist. Ich glaube, Olines Bauch wird von neuem Leben gefüllt, sie erwartet ein Kleines.« Die Worte von Doktor Oz schlagen ein wie eine Bombe. Also muss ihr Baby gezeugt worden sein, während sie im letzten Winter verschwunden war? Wenn das stimmt, wird sie es im Dezember zur Welt bringen, denn die Schwangerschaft dauert bei Delphinen elf Monate … Nach einem Augenblick, der so lang ist, wie die Kinder brauchen, um wie die Mäuse in den Trickfilmen in verdreifachter Geschwindigkeit durch das Dorf zu rasen, sind die Beduinen am Strand versammelt und laufen aufgeregt umher … »Oline kann doch nicht von ganz alleine ein Kind empfangen!«, ruft Onkel Ibrahim mit wehender Galabya, während Ramadan und die Kinder über ihn lachen. »Vielleicht kommen nachts Delphine hierher«, vermutet Madane. Oz kann keinen Ultraschall machen, er hofft, dass er sich nicht getäuscht hat … Aber trotz der Aufregung und der Freude glaubt niemand wirklich daran. »Allah ist der Größte, aber das, das wäre wahrhaft noch größer!«, ruft Vater Mekhassen ganz verwirrt.

Abid'allah kommt vom Fischfang zurück, sogleich wird er mit dem Gerücht überfallen. Er brüllt vor Freude: »Ich werde Papa! Ich werde Papa!« Er zweifelt nicht, er fliegt wie mit ausgebreiteten Armen im Wirbelsturm, er lässt sich tragen und gleicht einem Feuerwerk ohne Feuer. »Das Leben ist so schön!« Er springt umher, überall, als hätte er keinen Platz mehr auf der Erde.

Die Wochen und Monate vergehen, ohne akrobatische Sprünge, ohne Stilübungen. Man erklärt den Besuchern, dass sie Zeugen eines neuen Wunders seien, und Oline wird von ihren Freunden mehr verwöhnt denn je. Die Gäste sind enttäuscht, denn die Berichte von den Vorführungen haben sich bereits überall in der Welt verbreitet, und man erwartet wahre Wunder, wie in den großen Zentren in Amerika und Europa, wo alle Arten gefangener Meeressäuger ihre Kunststücke zeigen. »Das hier ist ein Dorf, und das Tier ist frei. Es wird zu nichts gezwungen. Oline ist schwanger, und Sie haben großes Glück, dass Sie sich ihr in diesem Zustand überhaupt nähern dürfen«, erklärt der Scheich leicht verlegen. Er mischt sich immer öfter ein – offensichtlich hat auch er Gefallen an den leicht verdienten Komplimenten in fremden Sprachen gefunden. Tatsächlich würde er den Delphin gern anspornen, sich etwas Mühe zu geben, aber das geht nur über Abid'allahs Leiche. Der liest seinem »Weib« jeden

Wunsch von den Augen ab, obwohl ihr leicht gewölbter Bauch seit einiger Zeit unverändert ist und nicht voraussagen lässt, was geschehen wird.

Am 28. Dezember ist Oline erneut verschwunden.

Ein Gewitter liegt in der Luft. Von bösen Erinnerungen geplagt, machen sich Abid'allah und Muhamad mit dem Boot auf die Suche. Die Wolken über ihren Köpfen bilden bedrohliche Muster, der seltene Westwind bläst seinen kalten Atem über die Erde und droht mit einem betäubenden Regen. Der kommt von einem anderen, eisigen Planeten, er ist ohne jedes Leben, und doch bringt erstaunlicherweise gerade er die Flora im Boden zum Ausbruch. Zwei Tage irren sie über das Meer, sie durchfahren den Silberglanz großer Schwärme von Thunfischen und blauen Füsilieren, ohne auch nur die geringste Lust zu verspüren, eine Angel ins Wasser zu hängen. Bevor sie untergeht, bäumt sich die Sonne noch einmal kurz am Horizont auf. Das Ende des Nachmittags weint eine besorgte, doch tränenlose Klage. Plötzlich weiten sich die Blicke der beiden Freunde. Oline ist da, im Licht eines Sonnenstrahls. Sie schwimmt sehr langsam nach Nordwesten, auf Mezaina zu. »Vielleicht ist sie verletzt?«, fragt Muhamad hinten im Boot. Abid'allah antwortet nicht, er ist schon im Wasser. Er wirft die Füße wie einen Fischschwanz gen Himmel und taucht hinab. Bestimmt hat sein Herz vor Erstaunen aufgehört zu schlagen. Unter Olines breiter linker Bauchseite schwimmt ihr kleines Double. Ein Delphinjunges, ein Babysäuger, sechzig Zentimeter Delphin, vom Maul bis zur Schwanzspitze. Eine kleine Schwanzflosse, ein winziges Blasloch zum Atmen, ein niedliches Maul, das Lächeln der Delphine. Oline in Miniatur, ohne die Sommersprossen. Abid'allah ist benommen, begeistert, fassungslos, wagt keine Bewegung.

Sie kommt näher, ihr Kleines klebt förmlich an ihr. Sie stellt ihm ihr Kind vor, wie sie es beim Chef ihres Clans getan hätte. Aber er wagt nicht, es zu berühren. Noch wie unter Schock, ohne ein Wort, ohne ein Zeichen klettert er zurück ins Boot. Er erzählt dem Freund, ohne den Blick vom Wasser zu lösen, was der nicht aus der Nähe hat sehen können. Oline folgt ihnen bis zum Dorf, wo im Halbschatten die Umrisse der am Strand stehenden Männer mit ihren im Wind flatternden Galabyas zu erkennen sind. Sie erwarten die Rückkehr der Helden. Wissen sie, was geschehen ist? Vermutlich. Manchmal verlässt die Intuition den Körper der Beduinen, bewegt sich über verschlungene Pfade und erschafft die sich stets wandelnden Mysterien dieses stolzen Nomadenvolkes.

Es ist das erste Mal überhaupt, dass ein wilder Delphin bei den Menschen ein Junges zur Welt bringt. Oline stellt es ihnen vor wie den Mitgliedern ihres Clans. Der einstige Dorftrottel ist erneut der Held des Abends. Das große Feuer verleitet ihn, seine Hände zu lösen, und in einem poetischen Tanz aus Zeichen, Lauten und Worten erzählt Abid'allah wieder und wieder von der Begegnung mit dem Sohn seines »Weibes«. Das Glück fliegt von Auge zu Auge, und der große Fisch, den Allah, der Barmherzige, ihnen geschickt hat, wird gesegnet, gesegnet, gesegnet bis in alle Ewigkeit. Die Beduinen wünschen dem Kleinen und seiner Mutter Gesundheit und ein langes Leben, sie nehmen sie heute Abend in ihren Clan auf, in ihre Zelte, und natürlich in ihre uralten Geschichten. Die

Kinder wachen oder schlafen am Feuer. Außer dem kleinen Ramadan, der die Worte seines Cousins Abid'allah aufzusaugen scheint. Seine großen, milchweißen Zähne blitzen, während sich vor seinen staunenden Augen das Schicksal entfaltet. Auch der nächste Tag ist ein Fest und ebenso alle folgenden. Die Frauen weinen heiße Freudentränen, und nur Fatma schweigt.

Die Wochen verstreichen beim Fischen oder am Brunnen. Abid'allah hat Olines Junges Jimmy genannt, nach einem Cousin, der in Amerika geboren wurde. Das Delphinbaby, möge Gott es segnen, wächst jeden Tag ein Stück und nimmt schnell zu. Und mit ihm auch Abid'allahs Ansehen.

Aufgescheucht durch das arabische Informationssystem in jener Gegend der Levante, wo sich jeder in die Angelegenheiten des anderen einmischt, kommen kurz nach Jimmys Geburt große Fotoapparate ins Dorf, die an einer endlosen Kette von Fragen hängen. Wie kleine Wellen eines Taifuns strömen Tag für Tag Zeitungsjournalisten und Fernsehteams aus der ganzen Welt herbei. So wie man eine Nationalflagge auf einem Gipfel aufstellt, der zum ersten Mal bezwungen wurde, verteilen sie an die Kinder Aufkleber mit dem Emblem ihrer Sendung. Die Kleinen machen sich daraus Abziehbilder auf der Haut und vergessen sie dann sofort wieder, denn die Fülle an technischer Ausrüstung interessiert sie viel mehr.

An ihren Kameras und Mikrofonstangen angeseilt, navigieren sie über den Strand, auf der Suche nach der einen *Story*. Die Beduinen erleben sie immer wieder als Darsteller der gleichen Szene: Ein Jeep kommt von der Grenze oder aus Kairo. Der Kameramann steigt aus, ihm folgen der Tontechniker und der Journalist, der das Ganze bezahlt. Manchmal begleitet sie ein Dolmetscher für ägyptisches Arabisch. Sie sind etwas betäubt von der Reise und der Hitze, also suchen sie einen Ort, wo sie etwas Kaltes trinken und ein paar Informationen bekommen können.

Als sie sich bequem im Schatten der Palmen des einzigen Cafés am Strand niedergelassen haben, beginnen sie mit ihren Erkundigungen: »Wo sind die Helden?«, fragen sie nach ein paar rettenden Schlucken Importbier. Der Kellner antwortet immer dasselbe: »Ich werde Ihnen alles erzählen. Ich bin Abid'allah Mekhassen, Olines Freund.« Fassungslosigkeit. »Er, der Kellner, Abid'allah? Aber der Kerl kann doch sprechen …«, murmeln sich die Ausländer in ihrer Muttersprache zu. Tatsächlich sind für jeden, der die Geschichte kennt, Abid'allahs Fortschritte umwerfend. Mit jeder Woche spricht er das Arabisch der Beduinen etwas deutlicher. Und das Erstaunlichste ist vielleicht, dass er schon Hebräisch stammelt und ein paar Worte Englisch.

Sehr bald ist Abid'allah der König der Medien, der König von Mezaina. Seine Geschichte und seine Wunder überschwemmen in großen Wellen die Nachbarländer. Fotos von Oline und Jimmy schmücken die Tageszeitungen in allen Sprachen. Oline scheint Kameras und Fotoapparate zu lieben. Ich frage mich, wie sie diese wahrnimmt, was sie sieht. Auf jeden Fall präsentiert sie sich den Objektiven mit großem Interesse. Ihr Maul klebt beinah an der Linse, und für besonders kostbare Aufnahmen holt sie ihr Baby. Es ähnelt einem kleinen hellgrünen, noch nicht geöffneten Salatkopf, einem noch nicht ganz fertig gebackenen Brötchen, einer gerade entstehenden zarten Liebe.

Tausendmal wiederholt Abid'allah sein Abenteuer: »Ich bin mit Oline verheiratet, Jimmy ist mein Sohn. Und wenn ich eine andere Frau heiraten würde, zögen die beiden fort.« Die Tonbandgeräte nehmen auch das Lächeln des Mannes auf, der nicht müde wird, sein Leben zu erzählen. Zumindest das, was er davon offenbaren will.

Die Monate verstreichen friedlich, der Alltag wird nur von den inzwischen schon gewohnten Besuchen unterbrochen. In wenigen Sprüngen eilen die Journalisten durchs Dorf und über den Strand. Sie bleiben nur stehen, um ein Foto zu machen und ein Interview mit Onkel Ibrahim oder einem anderen Dorfbewohner aufzunehmen. Hinter den Toren und Mauern der Höfe, abseits des Dorfplatzes, belauschen und beobachten die Frauen aus der Entfernung die Unruhe ihrer Männer.

Wenn diese Medienschwärme ebenso schnell wie sie kamen wieder verschwunden sind, bleibt ein gewisses Unbehagen zurück. Abid'allah, Muhamad und ganz Mezaina beginnen, über diese Wirbelstürme nachzudenken: Sie sind so seltsam, unkontrolliert und … kostenlos.

Journalisten, Delphinforscher, Delphinliebhaber, Künstler, Spezialisten für irgendetwas – jeder findet einen Grund, sich für Abid'allahs kleine Familie im Meer zu interessieren. Sie haben ihn Abdallah getauft, das spricht sich leichter, und auch er stellt sich inzwischen so vor. Aber ich finde es ungerecht, seinen Namen zu verändern. Ich nenne ihn wie sein Vater, seine Nachbarn und seine Freunde aus dem Dorf: Abid'allah, der Sklave Allahs.

Ich habe durch diesen Medienrummel die Geschichte von Mezaina entdeckt. Vom ersten Besuch an war ich gefangen von diesem Ort und seinen Einwohnern, von Abid'allah und Muhamad und natürlich von Oline. Seitdem erfüllt mich die phantastische »wahre Legende« von Mezaina. Zunächst, um den Film zu beenden, um das Buch zu beenden, dann einfach nur, weil ich dort Freunde hatte, bin ich bald nach Mezaina zurückgekehrt: um zu leben, zu schreiben, um zu versuchen zu verstehen.

Die Begeisterung für diese Geschichte über alle Grenzen hinweg erscheint mir ganz natürlich: Das Wunderbare an ihr fasziniert jeden und stört niemanden. Die Exotik des Ortes und das Leben der Delphine sind einfach eine nette, positive Ergänzung zum Wetterbericht.

Für die Ägypter, denen der Sinai gehört, steht hingegen mehr auf dem Spiel. Neben der Förderung des Tourismus, der Devisen einbringt und der Entwicklung der Region zugute kommt, kann dieses mediale Ereignis ihnen auch helfen, die erhoffte Kontrolle über die passiven, aber abtrünnigen Stämme zurückzugewinnen. Wie könnte Ägypten auch diese Gesellschaft beherrschen, die gleichzeitig hart ist wie der rosafarbene Granit jener Region und so sanft wie die Federn und der Gesang der Vögel? Ihre Gesetze erscheinen unveränderlich, seit Jahrhunderten im kollektiven Gedächtnis eingegraben, durch die Worte der Weisen verbreitet. Die Bruderschaft, die großen Stämme, die Clans, die Familien und jeder Einzelne, sie unterstützten sich gegenseitig, streiten und versöhnen sich. Wie ein Schilfbusch leben sie in einer Eintracht zusammen, die zwar nach außen chaotisch wirkt, im Grunde aber sehr genauen Regeln gehorcht. Nur die Mezaini herrschen über die Mezaini. Weder Israelis noch Ägypter oder wer auch immer werden ihnen andere Gesetze aufzwingen als ihr eigenen. Also tun sie entweder nur so, als würden sie diese fremden Regeln annehmen, oder sie gehen mit ihren Kamelen davon, woandershin, in die Tiefen der zerklüfteten Berge. Ein Beduine beugt sich nicht unter das Joch eines Fremden. Er hört ihm zu und lässt meist das Schweigen antworten.

Die ägyptischen Behörden greifen aber nach allen nur möglichen Mitteln, um diese Stämme so gut es geht zu kontrollieren, sie sesshaft zu machen, sie in Register einzutragen, sie in die Armee einzuziehen ... Obwohl die Beduinen von den Ehrgeizigsten unter ihnen im Parlament in Kairo vertreten werden, wissen sie beinah nichts von dem, was dort geschieht. Nur gelegentlich will ein Beduine einen Pass haben, um die Grenze zu überschreiten. Dann verlangt der Staat nach zahllosen Schikanen noch 500 Pfund von ihm, fast 300 Mark – eine unvorstellbare Summe für einen Beduinen ... Also ist er de facto dazu verurteilt, innerhalb der Grenzen eines Landes zu bleiben, selbst wenn auch das Land dahinter zu seinem Wandergebiet gehört.

Mithilfe dieser Delphingeschichte also versuchen die Behörden, die Beduinen zu gewinnen. Auf dem Dorfplatz von Nuweiba Mezaina errichten sie auf einem hohen Steinsockel eine riesige Statue mit zwei Delphinen im Sprung, die Nase an Nase kleben, während ihre Schwanzflossen ein Herz von eineinhalb Meter Höhe bilden. Und ganz in der Nähe entsteht eine riesige luxuriöse Moschee, um das traditionelle kleine Bauwerk zu ersetzen, das die Beduinen seit langem nutzten. Der Islam scheint tatsächlich die einzige Gemeinsamkeit zwischen den Beduinenstämmen und dem ägyptischen Volk zu sein.

Im Kielwasser der internationalen Medien tauchen auch hübsche und neugierige ausländische Frauen in Mezaina, genauer gesagt bei Abid'allah auf. Wenn ihre Bermudashorts und die nackten Schultern in der Tür eines klapprigen ägyptischen Taxis erscheinen, dessen Chauffeur, die zerknitterten Geldscheine in der Hand, verärgert wirkt, weil er sich von diesem Anblick trennen muss, dann erkundigen sich die Kinder in ihrem von den letzten Touristen aufgeschnappten Englisch: *»Dolphin? Abdallah? Want to see?«* Sogleich greifen die Älteren unter ihnen nach den Taschen dieser großen blonden und weißhäutigen Damen, und die kleine Truppe setzt sich in Bewegung.

Nachdem sie sich in den primitiven Bungalows eingerichtet haben, folgt bald der Auftritt der bunten oder dunkelblauen Bikinis, der halbnackten Körper, die sich ungezwungen zum Wasser bewegen, um sich den Meeresgöttern zu opfern. In Ägypten sieht man nicht einmal im Fernsehen ein solches Schauspiel. Die Sirenen des Westens sind nach Mezaina gekommen. Die Beduinenfrauen empfinden eine Mischung aus Neid und Mitleid mit denen da, die über ihren Aufzug nicht mal einen Gedanken verschwenden und aus den bohrenden Blicken, die sich auf sie richten, unendliches Selbstvertrauen zu beziehen scheinen. Die Beduinenfrauen baden in ihren dicken Kleidern und nur, wenn keine Männer dabei sind. Sie gehen nur bis zum Po ins Wasser. Manchmal setzen sie sich zum Spielen mit ihren Kindern in die Wellen, gerade so tief, dass sie das Meer zwischen ihren geschlossenen Schenkeln spüren. Die Beduinenfrauen reisen nicht allein, und außerhalb ihrer unermesslichen Wüsten reisen sie gar nicht. Sie sind stark, und sie beherrschen ihre

Männer und Kinder mit ihrer Intuition wie mit einer Fernbedienung, einer Intuition, die mehr dem wunderbaren Sonar der Delphine ähnelt als einem gewöhnlichen menschlichen Sinn.

Es fällt mir schwer zu verstehen, wie die Gemeinschaft der Beduinen solche ebenso plötzlichen wie einschneidenden Veränderungen aushalten konnte, ohne zu zerbrechen. Die Frauen haben keinen Bann ausgesprochen, sie haben ihre Männer nicht verhext. Ich hatte befürchtet, eine Welle von Hass und Unglück würde sich über das Dorf legen. Nichts von alldem. Mit ihrem erfahrenen Sinn für das Anderssein haben die Beduinen, Männer wie Frauen, die Marsmenschen aus dem Westen akzeptiert. Ich glaube, der Stolz auf ihre unabhängige Kultur hat es ihnen ermöglicht, die Fremden mit offenen Armen zu empfangen und stillschweigend die Folgen hinzunehmen. Sogar die Alten haben ihren Söhnen erlaubt, Verantwortung zu übernehmen, ohne in ihre Entscheidungen und Rechte einzugreifen. Es ist geradezu atemberaubend. Ich denke an das uralte Ansehen der Nomaden, an ihre Gewandtheit und ihren Überlebenssinn, und ich glaube darin jenes kleine Wunder wieder zu erkennen, das sich jeden Tag in Mezaina ereignet.

Strand von Mezaina, März 1997

Jimmy ist jetzt drei Monate alt, und Oline beginnt, ihm zu zeigen, wie sie fischt, und ihm außer ihrer Milch ein paar Bissen von ihrem Fang zu geben. Er schwimmt über seiner Mutter, um sich von ihrem Sog mitnehmen zu lassen und seine Kräfte zu schonen. So ziehen sie viel umher, und wenn er müde ist, hält sie ihn auf ihrem Maul über Wasser, damit er atmen kann, so viel er will. Das ist ein schönes Bild, dieses Delphinkind mit seinem noch zarten Körper, das wie ein kleiner, zusammengerollter Teppich auf dem schützenden Maul der Mutter liegt, umkränzt von kleinen Strudeln, die seine Atmung erzeugen.

Gewiss bringt Oline ihrem Sohn bei, wer die Menschen sind und wie er Freunde von Fremden unterscheiden kann. Aber Jimmy zeigt keinerlei Interesse an Abid'allah. Während er sonst auf alles neugierig ist, ignoriert er den besten Freund seiner Mutter völlig. Ist er eifersüchtig? Das erscheint nicht sehr wahrscheinlich. Vielleicht stimmt einfach die Chemie zwischen den beiden nicht.

Ganz Mezaina staunt, wie sich Oline verändert hat. Natürlich ist sie fröhlicher, geschäftiger und auch wachsamer, um Jimmy vor jeder Gefahr zu bewahren. Im Unterschied zu einer Mutter, die im Clan lebt, hat sie keine Amme zu ihrer Unterstützung. Als Abid'allah sie kennen lernte – und das ist der größte Unterschied –, war sie stumm, was ihn keineswegs störte, denn er war es ebenfalls. Die meisten Alten glaubten, das Tier hätte eine leichte Behinderung. Das erklärte in ihren Augen ihre Beziehung zu Abid'allah.

Ihr Baby hat alles verändert. Man hört, wie sie mit ihm spricht und seinen Namen pfeift. Alle vom menschlichen Ohr nur wahrnehmbaren Töne kommen aus ihrem Mund. Wie Abid'allah so ist auch Oline nicht mehr stumm! Manche meinen gleich wieder, das sei ein Wunder, dabei ist es ganz klar, dass sie den Menschen in der Delphinsprache einfach nichts zu sagen hatte, auch wenn sie ihr noch so nah standen.

Jimmy wirbelt durch die kleinen Wellen am Riff, er lernt das Leben im Meer, das schnelle Schwimmen und sogar allmählich die hohen Sprünge. Er wiegt schon 33 Kilo und misst 1,20 Meter. In hellen Spuren sind auf seiner Haut noch die Falten von seiner Haltung im Mutterleib zu erkennen. Seine weiche, geschmeidige Schwanzflosse ist noch von Linien bedeckt wie das zarte Blatt einer Pflanze. Dieses hübsche Baby wirkt immer fröhlich, und wenn auch die Mundlinie, die sehr an ein Lächeln erinnert, nichts mit seiner Stimmung zu tun hat, so kann man sich den Kleinen doch kaum unglücklich vorstellen.

Je weiter er heranwächst, desto neugieriger und mutiger wird er. Mit der Erlaubnis seiner Mutter beginnt er schon, mit den Menschen zu schwimmen. Das ist ein schöner Beweis des Vertrauens und der Zuneigung, den Oline den Bewohnern von Mezaina schenkt. Für jedes wilde Tier ist das ganz und gar außergewöhnlich, nicht aber für Jimmy, der von seinen ersten Lebenstagen an Menschen gesehen hat. Für ihn gehören sie zu den Eigentümlichkeiten des Meeres. Mit ihren Taucherflossen und Schnorcheln, ihren seltsamen Schreien und vor allem ihrem Lachen. Und am liebsten scheint er das helle Lachen des kleinen Ramadan zu haben, den er zu orten versucht, sobald er ihn mit seinem noch nicht sehr genauen Sonar erspürt.

Ramadan ist noch nicht einmal zehn Jahre alt, als ich ihn kennen lerne. In seinem runden Gesicht blitzt eine tadellose Reihe großer weißer Zähne. Er strahlt, als trage er die Sonne in sich. Sein Anblick macht glücklich. Meistens findet man ihn und seinen Freund Falah im Wasser, beim Spielen, Fischen oder Tauchen.

Als ihre Eltern mit ihnen in die Berge ziehen, sehnen sich Ramadan und Falah nach ihrem neuen Gefährten, und sie zeichnen sein Bild an die Wände aus rosafarbenem Granit. Sie malen das Delphinkind, seine Flossen und sein Maul wie andere Stämme ihre Gottheiten. Mit Talent und dank ihrer großen Aufmerksamkeit für die Anatomie des kleinen Jimmy vollbringen sie an den Felswänden wahre Wunder. »Seht nur!«, scheinen sie zu sagen, »wir haben ihn mitgenommen. Er ist unser Freund.« Ich verstehe sie. Sie haben kein Zimmer mit Postern an den Wänden. Sie haben einfach nur Flipper bei sich, etwas kleiner und etwas wilder. Er ist nicht darauf abgerichtet, nett und aufmerksam zu den Menschen zu sein. Er ist eng mit denen verbunden, die er bedingungslos liebt. Er will niemanden unterhalten, höchstens sich selbst. Der Kleine hat schnell seinen Unabhängigkeitsgeist bewiesen.

Abid'allah spricht mit großer Zuneigung über Jimmy, aber in seinem strahlenden Gesicht ist auch ein wenig Enttäuschung zu lesen: »Er nimmt mich gar nicht wahr, er mag mich nicht. Wenn ich näher komme, begrüßt mich Oline wie früher, und er tut so, als würde er mich gar nicht sehen. Ich kann ihn nicht anfassen: Jedesmal entzieht er sich ...« Abid'allah ist verletzt von dieser Gleichgültigkeit, er ähnelt einem Vater, den die eigenen Kinder nach einer langen Reise nicht wieder erkennen. Ich wünsche mir, dass er trotzdem mit mir die schönen Momente beim Heranwachsen dieses Kleinen genießt, der die Zuneigung selbst der widerspenstigsten Beduinen von Mezaina erobert hat.

Abid'allah erzählt mir dann begeistert auf Arabisch und mit ausdrucksstarken Gesten von Jimmys Abenteuern: »Weißt du, er ist so wild, oft kümmert er sich nicht um Olines Pfiffe. Einmal wollte er zu dem kleinen Ramadan aufs Riff.« Geschickt schiebt sich Jimmy zwischen den Vorsprüngen hindurch, um sich Ramadan zu zeigen und seine Liebkosungen zu empfangen. Der Junge platzt fast vor Freude über diesen unerwarteten Liebesbeweis. Die Beduinen rufen sich gegenseitig herbei und versammeln sich, um das Schauspiel zu bewundern. Jimmy ist nun fast auf dem Festland! Nur noch wenige Zentimeter tief ist das Wasser über den spitzen, unregelmäßigen Korallen. Nur sein heller Bauch und der Schwanz sind noch eingetaucht, ansonsten bietet er seine empfindliche Haut den Sonnenstrahlen und dem Streicheln seines beglückten Freundes dar. Ich glaube, er hat einfach Vertrauen: Er weiß, dass die Menschen ihn mit all der Achtung, die dem Sohn der Königin von Mezaina zusteht, ins Wasser zurücktragen werden, wenn er aus Versehen stranden sollte.

Abid'allah lacht, als er seinen Bericht fortsetzt: »Oline war wie verrückt vor Sorge, aber sie ist zu groß, um sich so nah ans Ufer heranzuwagen. Sie kannte die Gefahren, die ihrem Sohn drohten, die Sonne auf der Haut und die spitzen Riffe, die ihn schwer verletzen können. Sie rief ihn, der Kleine zögerte, er fühlte sich so wohl mit den Zärtlichkeiten und der Aufmerksamkeit, die er von seinem begeisterten Publikum empfing. Dann folgten Ramadan und die anderen Kinder unserem Rat und gingen tiefer ins Wasser, um ihn wieder weiter ins Meer hinauszulocken. Oline bekam ihr Kind zurück, das sich eine anständige Moralpredigt anhören musste.« Mit Augen voller Zärtlichkeit lächelt mich der Unerschrockene an. »Wie du siehst, bin nicht immer ich der Held!«

Warum hat Jimmy unter all den Kindern von Mezaina Ramadan auserwählt? Auf meine Frage weiß der freundliche Junge selbst keine Antwort, das alles ist für ihn ganz natürlich so. Er ist mit Oline aufgewachsen, und die wilden Delphine gehören zu seiner Welt wie die Kühe für einen Dorfjungen in Frankreich.

Jetzt ist es schwarze Nacht. Es regnet.

Abid'allah liegt im Schutz seines Zeltes und kuschelt sich in seinen Burnus. Er genießt den Segen, der die Natur besprengt und ihn in seine Träume entführt. Er erinnert sich an seine Kindheit und die Gewitter, die ihm so große Angst machten. Vor zwanzig Jahren ... Er sieht sich selbst, klein und zart, wie er in den Armen von Ahmed Suleiman, Darwishs großem Bruder, Zuflucht suchte. Er hört das freundliche Geräusch von den Schritten seiner Mutter, sie war so lebendig und so nah ... Er lässt sich vom letzten Winterregen wiegen, der so sanft ist wie die Liebe. Abid'allah teilt ein Junggesellenzelt mit Muhamad und Jouma. Sie essen gemeinsam, ihre Tanten und Cousinen bereiten ihnen die Mahlzeiten, den frisch gefangenen Fisch grillen sie sich am Strand. Ein leichter, eisiger Südwind hüllt ihren *Kitoun* ein. Die Silhouette der Berge zerfließt unter dem trüben Mond.

Von lautem Krach wird Abid'allah brutal aus seinen Träumen gerissen. Nachbarn stürzen aufgeregt zu den drei Freunden ins Zelt. »Oline, Oline, sie schreit, man sieht sie nicht, wir wissen nicht, was los ist. Komm schnell!« Schon ist Abid'allah in die Sandalen geschlüpft. Jouma und Muhamad stolpern hinter ihm her – sie haben nicht recht verstanden, was los ist. Abid'allah auch nicht, aber er hat die Panik herausgehört und Olines Namen. Das reicht. Er rennt, so schnell er kann. Die drei Freunde sind keine großen Redner, aber jede ihrer Gesten kommt von Herzen.

Oline schreit verzweifelt. Unter dem prasselnden Regen versuchen sie, den Delphin ausfindig zu machen. Der Motor des Bootes dröhnt bis in die Tiefen des Meeres. Olines Schreie zerreißen Abid'allah das Herz. Er versteht nicht, was sie so verzweifelt machen kann. Aber jetzt ist keine Zeit für Fragen, da ist sie. Muhamad und Abid'allah tauchen hinab, ohne sich abgesprochen zu haben.

Sie begreifen schnell, als sie ihr in geringer Tiefe folgen. Jimmy hat sich in Seilen verwickelt, und Oline kann nichts tun, um ihn aus dieser tödlichen Falle zu befreien. Er lebt noch, aber er bewegt sich kaum, gefesselt und wie versteinert, ohne Luft. Die beiden Männer reißen an den Seilen. Sie bräuchten ein Messer, aber keiner von beiden hat eines bei sich. Für das Leben des Delphins geht es um wenige Minuten. Also nehmen sie all ihre Kraft zusammen und zerreißen mit den bloßen Händen Faser für Faser den Hanf. Allmählich gelingt es ihnen, die Stricke zu lösen. Geschafft! Unter den besorgten Blicken der Mutter ziehen sie den kleinen Körper an die Wasseroberfläche und sogar ins Boot. Als ob er ein Kind wiederbeleben würde, bläst Abid'allah in Jimmys Blasloch. Er gibt ihm all seine Luft, bläst so stark er kann, und Jimmy erwacht zu neuem Leben. Jetzt atmet er selbst, ganz leicht. Sein trüber, zärtlicher Blick scheint den Rettern zu danken.

Niemals werden Muhamad und Abid'allah diesen Blick vergessen.

Einige Minuten später beschließen sie, den Delphin wieder ins Wasser zu lassen. Abid'allah ist außer Atem, der Regen spült das Salz ab, das an ihren blutigen Händen brennt. Sie sind glücklich. Oline bleibt still, sie drückt sich ans Boot, das unter der Müdigkeit seiner Insassen schwankt. Die Beduinen von Mezaina haben erneut einen Delphin gerettet. Noch heute kann man auf Muhamads Handflächen die Narben von den Wunden sehen, die das Netz geschnitten hat.

Die Sonne hat sich wieder hinter ihrem Wolkenschild blicken lassen. Nach dem Regen zeigt sich das zerzauste Dorf in neuem Glanz. Die Gerüche von Erde und Jod vermischen sich und stellen die Menschen auf eine Brücke zwischen der Wüste und dem Meer. Es liegt bei ihnen, Prioritäten zu setzen: Die Boote ausschöpfen und den Strand säubern – oder in die Berge aufbrechen, wo die Alten der Familien, die meisten Frauen und ihre jüngsten Kinder bereits warten.

Der frühe Morgen zeigt alle Farben des Lebens wie im Negativ. Um das Wasser zu feiern, schütteln sich die Kamelbullen, sie stoßen ihre Liebesschreie aus und tun sich vor den Stuten wichtig. Ihr Brüllen schallt über die feuchten Felswände bis hinab in die Tiefen des Meeres.

Sobald Abid'allah aufgewacht ist, taucht er zu Oline. Zum ersten Mal kommt Jimmy seiner Mutter zuvor, reibt das Maul an seiner Schulter und verharrt so, die Spitze des Mauls am Hals von Abid'allah, der sich nicht ganz wohl fühlt bei diesen plötzlichen Liebesbekundungen des

Kleinen … Diese Dankbarkeit verwirrt ihn. Er wird im Dorf kaum damit angeben, so stark ist seine Rührung. Er, der Prahlhans, erzählt einfach nur, dass Jimmy endlich auch ihn liebt, Abid'allah, seinen Vater!

Nuweiba Mezaina, Fest von Aid-el-Kebir 1997

Auf Verlangen des alten Mekhassen springen die Kinder von Haus zu Haus, um alle Weisen des Dorfes zusammenzurufen. Auf der Tagesordnung stehen die neuen Einkünfte durch die Delphine: Heute Morgen hat Abid'allah von sechs deutschen Touristen zehn Pfund pro Person dafür verlangt, dass sie in der Bucht mit Oline schwimmen dürfen. Sein Vater will einen Skandal vermeiden. Deshalb ruft er den Rat zusammen, ehe sich das Gerücht verbreitet.

Abid'allah hat wie alle Dorfbewohner davon erfahren und ist wild vor Wut. Dennoch kann er die Entscheidungen der Alten, die sich in eine lange Diskussion über das Thema stürzen, nicht beeinflussen. Ibrahim, der Intellektuelle, ergreift als Erster das Wort, er listet die Fragen auf, die zu klären sind: »Ist es gerecht, die Touristen dafür zahlen zu lassen, dass sie Oline erleben dürfen? Wieviel kann man von ihnen verlangen?« Dann fügt er in gespielter Arglosigkeit hinzu: »Und vor allem … wem steht dieses Geld zu?« Diesmal wird es eine erregte Debatte. Eigentlich sind sich fast alle erst einmal einig, dass man die Wohltaten des Delphins zu Geld machen sollte. Die Touristen profitieren von Oline, also ist es auch normal, dass sie sich an den Kosten beteiligen. Aber wie sagt Ibrahim so schön: »Wenn du isst, warum soll ich dann nicht auch essen?« Auf gut Deutsch: Jeder will seinen Anteil vom Kuchen.

Schon mischt sich Abid'allah ein. Er steht etwas außerhalb des Kreises, einen Fuß auf dem Schlauch einer hüstelnden Wasserpfeife, und warnt: »Oline gehört mir. Wegen mir bleibt sie in Mezaina. Wenn ihr mich daran hindert, meinen Lebensunterhalt zu verdienen, gehe ich mit ihr fort, weit fort.« Er sieht jedem tief in die Augen, um sicherzugehen, dass man ihn verstanden hat, ihn und seine Drohung. Dann verschwindet er, wie er gekommen ist, mit einem Aufspritzen im Meer, vor der Nase der Weisen, die gezwungen sind, den Willen dieses Burschen zu berücksichtigen. Sein Vater, der alte Mekhassen, schweigt.

Fast alle Familien des Clans von Nuweiba Mezaina besitzen seit Generationen ein Stück des Strandes. Ungefähr 1500 Meter, seit Jahrhunderten parzelliert, eineinhalb Kilometer dürres, nutzloses Land, um das sich bisher niemand gekümmert hat. Aber das war vor der Ankunft des Delphins und vor seinen Wundern.

Schnell kommt der Scheich zu einer Entscheidung: »Der kleine Mekhassen hat zum Teil Recht: Der Delphin gehorcht ihm, er kümmert sich am meisten um ihn, er muss mindestens die Hälfte der Einnahmen erhalten. Der Rest wird entsprechend dem Eigentum an Strandgrundstücken aufgeteilt. Wer etwas Strand besitzt, bekommt seinen Anteil.« Also wird beschlossen, dass die Alten abwechselnd den Zugang zum Strand bewachen und von jedem Erwachsenen, der mit Oline schwimmen will, zehn Pfund, das sind fast sieben Mark, verlangen. Dann wird das Geld aufgeteilt. Man trennt sich in leichter Sorge. Diese neue Geschäftstätigkeit der Gemeinschaft hat nichts mit dem traditionellen Fischfang, der Tierzucht oder dem Anbau von Dattelpalmen und Oliven zu tun. Im besten Fall wird der Clan das alles in einiger Zeit verdaut und sich neu organisiert haben. Dass der dickköpfige Sonderling Abid'allah Mekhassen im Zentrum des Problems steht, macht es nicht einfacher. Aber kein Wort wird gegen ihn geäußert. Inzwischen respektieren ihn alle, durch seine Gaben hat er den Rang eines Weisen gewonnen. Er wird als eine der Stützen von Mezaina angesehen.

Madane lacht herzlich, als Ibrahim mir von dieser berühmten Versammlung erzählt und von den Streitigkeiten über die Verteilung der Einnahmen. In seinem perfekten Hebräisch empört er sich: »Pascale, hast du schon mal erlebt, dass irgendein Tier eine ganze Gesellschaft verändert? Ist das nicht idiotisch? Sogar in Israel habt ihr das noch nie erlebt, nicht mal in Europa, da wette ich! Kennst du Leute, die dumm genug sind, einen Fisch – zugegeben, einen großen Fisch – über ihre Zukunft entscheiden zu lassen? Ich hätte das nicht für möglich gehalten, aber genau das passiert jetzt bei mir, ausgerechnet bei mir!«

Alle, die Oline begegnen, geraten in Versuchung, ihre Ängste und ihre Sehnsüchte, ihre tiefsten Gedanken auf sie zu übertragen. Sie ist da, anwesend und abwesend zugleich. Meistens lässt sie alles mit sich geschehen – manchmal ohne sich zu rühren. Sie »pflanzt sich« senkrecht vor Abid'allah oder Muhamad auf, all ihre Kraft ist erstarrt, konzentriert auf die Reglosigkeit. Sie kraulen und umarmen sie, sie lachen, Oline aber bewegt sich nicht, bis zu dem Augenblick, da sie entwischt und ihren Spielgefährten mit sich zieht. Plötzlich dreht sie sich auf den Rücken und bietet ihren gefleckten Bauch den Liebkosungen dar. Sie liebt die Zuwendung ihrer echten Freunde, jener, die sie schon lange kennt. Sie schwimmt langsam, damit sie ihr folgen können. Der deutlichste Beweis: Sobald Abid'allah ins Wasser geht, stürzt sie auf ihn zu und zieht ihn in schnellem Tempo mit sich hinaus aufs Meer. Sie kennt seine Fähigkeiten als Schwimmer. Bei ihm besteht nicht die Gefahr, ihn unterwegs zu verlieren!

Oz und die Freunde aus der Delphinbucht sind sich einig: Oline ist vollkommen gesund, sie kann beim Schwimmen ein Tempo von zwanzig Stundenkilometern erreichen, wie alle Tümmler. Allein aus Rücksicht auf die Menschen, die sie besuchen, lebt sie ein wenig langsamer. Wenn sie aufs Meer hinausschwimmt, jenseits unserer Sichtweite, muss sie aus sich herausbrechen, springen, rasen, mehr noch, als sie es mit Abid'allah tut!

Oz erklärt auch, dass sie besonders stark ist, da sie allein und mühelos die Angreifer verjagt, die Jimmy bedrohen.

Auf der ganzen Welt gibt es heute etwa 13 Delphine, alles Tümmler, die weitgehend sesshaft leben und regelmäßigen Kontakt zu Menschen haben. Keiner von ihnen ist auf die Menschen angewiesen, um sich zu ernähren: Wenn sie Nahrung von ihnen annehmen, dann nur aus Zuneigung oder im Spiel.

Anders als oft behauptet wird, halten diese Tiere zumeist Kontakt zu ihrer Familie und sind keineswegs von ihr ausgestoßen. Der australische Forscher Michael Bossley behauptet jedoch, dass sie alle in ihrer Vergangenheit ein schweres Trauma durchlitten haben. Seiner Ansicht nach suchen sie einen begrenzten, sicheren Raum um einen festen Bezugspunkt, beispielsweise ein Boot oder eine Boje, und oft eine starke Freundschaftsbeziehung. So ist es auch bei Oline. Seit sie in Mezaina angekommen ist, mager, sichtbar traumatisiert und vereinsamt nach dem Tod ihres Gefährten, hat sie sich in gewisser Weise ihr eigenes Netz geknüpft. Sie hat eine Linie von einem Ufer der Lagune zum anderen gezogen, eine psychologische Grenze auf dem Riff von Mezaina, innerhalb derer sie sich, vom Rest des Roten Meeres getrennt, in ihrem eigenen Bereich befindet. Sie hat sich entschieden, in einem ziemlich engen Umkreis von etwa 4000 Quadratmetern zu leben: ihr Zuhause und ihre Zuflucht. Unter den Delphinen, die so eng mit den Menschen verbunden sind, hat wohl nur Oline ein so kleines Wohngebiet gewählt. Nur sie hat sich einen einzigen Freund ausgesucht, den sie ihren anderen Schwimmpartnern ganz eindeutig vorzieht.

Meistens ist es im Dorf von Mezaina ruhig, aber dann sind plötzlich Schulferien in Israel oder Weihnachtsferien in Europa, und zahllose Minibusse entladen ihren Inhalt am Strand. Es ist beeindruckend, wie die Bucht im Nu von Lachen und fröhlichem Geschrei eingenommen wird, Italienisch und Englisch gemischt, eine Minute später kommt eine Prise Schwedisch hinzu. Die Sprachen überlagern sich auf dem Sand, die Augen richten sich aufs Meer, wo der Delphin seine Bahnen zieht.

Mithilfe von ägyptischen Reiseleitern müssen die Beduinen nun die anwachsenden Ströme von Schwimmern lenken, vor allem aber Oline schützen, die nervös und unruhig wird, wenn mehr als zwanzig Menschen im Wasser sind. Deshalb besuchen die Badenden Oline, die die Gäste großzügig in ihrer Lagune empfängt, in kleinen Gruppen.

Oft habe ich mich gefragt, wie sie diese Menschenmassen ohne Anzeichen von Überdruss erträgt. Ich an ihrer Stelle wäre aufs Meer hinausgeschwommen, bis sich die Invasion etwas gelegt hätte. Natürlich entfernt sie sich auch, wenn die Touristen nicht ganz willkommen sind, oder sie schwimmt in einigen Metern Tiefe umher, unerreichbar für die meisten Schwimmer, die nicht tauchen können. Aber sie bleibt immer in Sichtweite: Alle können sich an ihrem schönen Körper und dem ewigen Delphinlächeln erfreuen. Hängt sie an den Menschen, oder will sie unbedingt Abid'allah gefallen, ist sie psychisch von ihm abhängig geworden? Nähert sie sich den Menschen, weil es ihr selbst Vergnügen bereitet? Oder hat sie einen stillschweigenden Vertrag mit Abid'allah: Um ihn zufrieden zu stellen, muss sie die anderen Menschen zufrieden stellen?

Der Walforscher Oz Goffman meint, dass sie die ständige Unruhe in der Lagune dank ihrer Schlüsselrolle bewältigen kann. Die Mitglieder ihres neuen Clans – König Abid'allah, der den männlichen Anführer darstellt und ihr die lebensnotwendige Zuneigung und die persönliche Bindung gibt, Muhamad, der Freund, und Jouma, der Hofnarr – unterstehen alle ihrem Befehl. Und jeder, der ihren Lebensraum betritt, muss sich den Gesetzen ihrer menschlichen Freunde fügen, das heißt mehr oder weniger den Gesetzen, die Oline im Laufe der Beziehung zu diesen aufgestellt hat. Sie ist die Königin in ihrer Welt – zweifellos eine Welt, in der eine matriarchalische Ordnung herrscht.

Aber Delphine sind durchaus keine Engel. Mit ihren Fehlern und Vorzügen, ihrer Intelligenz und ihren zuweilen barbarischen Handlungen ähneln sie vielmehr den Menschen. Oft vergisst man, von ihrem mitunter bösartigen Verhalten zu sprechen, davon, dass sie, allein oder im Schwarm, die Weibchen jagen und vergewaltigen oder sich manchmal gegenseitig massakrieren. Der Mythos, der sie umgibt, hat nichts mit der Wirklichkeit zu tun. Sie können durchaus eifersüchtig oder cholerisch sein oder auch andere manipulieren, um ihre beherrschende Stellung im Clan zu behalten. Jeder Delphin hat seinen ganz eigenen Charakter, und eben das macht diese Tiere ja gerade so besonders liebenswürdig. Jeder Delphin hat eine Seele, eine Persönlichkeit, und Oline beweist das jeden Tag durch ihre Hilfsbereitschaft und ihre Gleichgültigkeit, ihre Treue und ihre Eifersucht.

März 1997. Die ägyptische Marine patrouilliert an den Küsten des Roten Meeres. Unerlaubter Fischfang, Schmuggel, Unordnung jeder Art sind ihr tägliches Brot. Manchmal nähern sich die Soldaten dem Strand von Nuweiba Mezaina, weil sie sich über irgendetwas ärgern oder einfach von den hübschen badenden Touristinnen angezogen werden. Dort empfängt man sie immer sehr gut – Höflichkeit und natürlich die traditionelle Gastfreundschaft verpflichten.

Heute herrscht großes Durcheinander, und alle Männer am Ufer und auf dem Meer sind in heller Aufregung.

Ist es nur Einschüchterung, oder versuchen die Beduinen, in verbotenen Gewässern zu fischen? Die Schnellboote kreuzen, und die Mezaini geraten in Angst und Schrecken. Oline ist durch den ganzen Aufruhr sehr verstört. Sie zieht am Riff entlang von Norden nach Süden, von Süden nach Norden, ohne zu wissen, wie sie ihr Territorium, ihr Junges, ihr Leben schützen soll. Für sie ist der Strand heute gleichsam von aggressiven Marsmenschen überfallen worden. Ein Dutzend Italiener waten lachend über das Riff und necken einander. Die drallen Mädchen tragen grellgelbe Bikinis, die Männer lange Shorts im Stil der dreißiger Jahre. Sie sind völlig in ihre Wasserspiele vertieft und kümmern sich weder um die anderen noch um den Krawall des Militärs. Ihr Geschrei macht für Oline das Durcheinander noch unerträglicher. Warum sind die da so fröhlich, wenn all meine Freunde aufgeregt sind, wenn die kleinen lauten Schiffe sie bedrohen? Zu allem Unglück ist auch noch Abid'allah zum Fischen hinausgefahren, und von denen, die Olines Verzweiflung bemerken, weiß keiner, wie man ihr helfen kann. Delphine geraten sehr leicht in Panik, sie können daran sterben. Einige Tiere, die tot in einer Grotte oder in den Maschen eines Netzes gefunden wurden, waren nicht an Sauerstoffmangel oder irgendwelchen Verletzungen gestorben. Aus Schreck oder Panik war ihr Herz stehen geblieben. Ihre Überempfindlichkeit macht sie zu leichten Opfern.

Julia läuft am Strand hin und her. Die ungarische Physiotherapeutin mit ihrer kleinen runden Brille und dem ernsten Gesicht gehört zu den Verliebten, den Begeisterten aus dem Ausland, die mehrere Monate im Jahr in Mezaina verbringen, um mit Oline zu schwimmen. Jetzt weiß sie nicht, was sie tun soll. Sie beschließt, zu ihrer Delphinfreundin zu tauchen, um sie zu beruhigen. Schließlich bin ich ein Mensch, denkt sie, ich habe die Pflicht, sie vor den Spinnern meiner Spezies zu schützen. Mit Taucherbrille und Schnorchel schwimmt sie zu ihr. Zur Beruhigung reibt sie Olines Rückenflosse. Dann versucht sie, sie weiter hinaus aufs Meer zu locken, um sie von den wild umherfahrenden Booten und den aufgeregten Beduinen zu entfernen. Aber Oline hat Angst. Jimmy hat sich eng an sie gedrückt.

Entschlossen zu helfen schiebt Julia den Delphin vor sich her. Oline öffnet das Maul und bedroht sie mit ihren spitzen Zähnen. Julia hält das für ein Zeichen der Dankbarkeit und fährt fort, sie zu streicheln, während sie sie mit aller Kraft vorwärts schiebt. Aber Oline ist viel stärker als die junge Frau, und vor allem ist sie in ihrem Element. Julia und ihr Rettungswunsch sind für sie ohne Belang. Oline ist ein freier Delphin, ein wildes Tier, und das hat Julia vergessen. Die scharfe Schiffsschraube eines Motorbootes rast in wenigen Metern Entfernung an ihnen vorbei. Oline verliert die Nerven und beißt Julia, die voller Panik die Hand zurückzieht.

Die junge Frau ist entsetzt. Oline hat sie in die linke Hand gebissen und zwei Glieder des kleinen Fingers abgetrennt. Langsam schwimmt sie an Land. Ihre Hand ist blutüberströmt. Eine Freundin reinigt die Wunde mit Jod und macht ihr einen Druckverband. Julia sitzt auf einer kleinen Mauer und sieht weit draußen die Rückenflosse ihrer geliebten Freundin. Sie versteht nicht, was in sie gefahren ist.

Am nächsten Tag geht es Julia besser, und sie erklärt

den anderen: »Oline hat mich für einen anderen Delphin gehalten, denn wir sind uns sehr nah. Delphine beißen sich, sie dachte, ich würde ihr die Stellung als Anführerin von Mezaina streitig machen wollen.« Sie lächelt und ist einfach glücklich: »Ich kann stolz sein auf meine Freundin, sie hat mich für ein anderes Delphinweibchen gehalten ...« Die anderen aber sind beunruhigt, die ausländischen Freunde ebenso wie die Beduinen. »Wie willst du so deine Massagen machen?« Julia weiß es nicht. Sie ist überzeugt, einen glücklichen Wink des Schicksals erhalten zu haben, und erwartet nun weitere Zeichen, um zu erfahren, wie ihr Leben weitergehen soll.

Am nächsten Tag ist es in Mezaina sehr ruhig. Die Wellen wiegen die kleinen Steine, die am Strand glänzen und zur Freude der Kinder ein paar Wasserpfützen zurückhalten. Julias Finger ist gefährlich geschwollen. Sie wird in ein Krankenhaus gebracht, das ein paar hundert Kilometer entfernt liegt. Sie wird nicht nach Mezaina zurückkehren. Später erzählt man sich, sie habe sich im Krankenhaus in ihren ägyptischen Arzt verliebt. Es heißt sogar, sie sei zum Islam übergetreten und habe diesen Mann geheiratet, mit dem sie nun glücklich in Alexandria lebe ...

Jouma, Muhamad und Abid'allah sitzen im Schneidersitz bei mir. Ich frage sie, was sie von Julias bösem Abenteuer mit Oline halten. Ich habe mein Kauderwelsch in der Zeichensprache noch nicht beendet, als Muhamad mich schon mit wütenden Blicken durchbohrt! »Du denkst es also auch? Ist dir klar, was du da erzählst! Mit Julia, das war ein Unfall, sie wollte Oline zwingen.« Er wiederholt es: »Oline zwingen!« Jouma legt ihm die Hand auf die

Schulter, um ihn zu unterbrechen: »Er regt sich wegen der Zeitungen auf, die die Geschichte erzählt haben und meinen, Oline sei aggressiv und gefährlich.« Stille zieht ein, Kaffee wird serviert, stark wie ein galoppierender Hengst. In ruhigerem Ton fährt Muhamad mit seinen Erklärungen fort: »Weißt du, sie ist doch trotz allem sehr empfindlich, ich kann verstehen, dass sie manchmal die Nerven verliert. Man kann sich nicht einfach so einem wilden Delphin nähern ... auf jeden Fall nicht Oline«, schränkt er ein, denn er kennt keine anderen Delphine. Vielleicht ein paar auf dem offenen Meer, aber sie bleiben selten lange genug am Boot, um sie kennen lernen zu können.

Ich frage die drei Freunde nach einer Art Bedienungsanleitung für den ersten Kontakt mit einem Delphin. Ich lege mein zerknittertes Heft und den Bleistift vor mich, ein kleines Zeichen, das sie sehr ernst nehmen.

Jouma, Abid'allah und Muhamad sehen sich an. Abid'allah beginnt zu reden: »Oline hat Freunde. Die Touristen kommen und gehen. Manche kommen nur her, um sie zu sehen. Sie machen sich nicht bewusst, dass man sie genauso respektieren muss, wie ein menschliches Wesen. Sie wollen sie anfassen, die Finger in ihr Blasloch stecken, sich an ihre Flosse hängen.« Er richtet sich auf und wird lauter: »Stell dir doch mal vor, Pascale, ich dringe in dein Haus ein, ohne guten Tag zu sagen, fasse dich an, stecke dir die Finger in die Nase und hänge mich an dich ran, wenn du weggehen willst! Stell dir das doch mal vor!«

Ich muss lachen, denn er begleitet seine Ausführungen

mit den entsprechenden Zeichen, so dass ich die Szene richtig vor mir sehe. »Nein, nein ... das ist nicht lustig, wenn sich jemand bei mir so benimmt, kriegt er meine Faust ins Gesicht! Oline ist sehr geduldig, aber letztendlich ist sie wie alle, sie hat ihre Grenzen.« Ich habe selbst schon davon gehört, dass Delphine Störenfriede verletzt haben.

Das extremste Beispiel ist der Delphin Tiao, der in Brasilien einmal mehrere Menschen mit Schlägen seiner Schwanzflosse verwundet hat. Einer von ihnen, ein Betrunkener, starb ein paar Stunden später an seinen Verletzungen. Offensichtlich hatten diese Leute den Delphin wirklich misshandelt, und er hat sich mit starken Flossenhieben in die Magengegend gegen seine Angreifer gewehrt. Das war 1994, und seitdem wurde kein weiteres Unglück bekannt. Tiao lebt friedlich an der Küste, umgeben von Menschen, und wird heute von einem Verein geschützt.

Außer in Notwehr oder in einer Situation völliger Panik hat niemals ein Delphin einen Menschen angegriffen. Aber die Delphine können eifersüchtig auf ihre besten Freunde oder deren Eroberungen sein.

Ich erzähle Abid'allah davon, und er entgegnet: »Natürlich macht mir Oline Eifersuchtsszenen!« Er freut sich zu hören, dass viele andere Delphine ebenso reagieren, und erzählt mir die unglückliche Geschichte von Ashers Tochter. Das junge Mädchen kam auf das Riff, als Abid'allah Oline gerade ihre tägliche Ration an Streicheleinheiten gab. Ohne Warnung raste der Delphin auf das Mädchen zu und verpasste ihr einen Schlag mit der

Schwanzflosse auf den Kopf! »Sie hat geblutet. Aber zum Glück war es nicht schlimm …«, betont Abid'allah mit sichtbarer Verlegenheit. Einer anderen jungen Frau namens Tamar wurde von Oline ein Fingerglied abgerissen, denn der Delphin war eifersüchtig auf ihre enge Freundschaft mit Abid'allah …

Muhamad ist schon wieder verärgert und mischt sich ein: »Das stimmt, aber man muss sie auch gut kennen, um sie zu berühren. Außerdem haben Tausende von Leuten sie schon besucht, ohne das irgendetwas passiert wäre. Und vor allem weiß Abid'allah heute um ihre Eifersucht und deren Folgen, also verhält er sich entsprechend.« In einem früheren Leben war Muhamad wahrscheinlich Anwalt …

Jouma, wie immer der Positivste der Truppe, klopft mir auf die Schulter. »Jetzt kommt die Bedienungsanleitung zum Schwimmen mit Oline.« Für seine Demonstration in der Zeichensprache erhebt er sich: »1. Man zieht Schwimmflossen oder Sandalen an, denn das Riff ist manchmal sehr spitz. 2. Man nimmt Taucherbrille und Schnorchel, damit man sich mit dem Kopf unter Wasser wohl fühlt. 3. Man stürzt sich nicht wie ein Wilder ins Wasser.« Ich bitte um eine Pause, denn um seinen Erklärungen zu folgen, muss ich Jouma, der nur unverständliche Laute ausstößt, ständig ansehen und dann wieder auf mein Blatt schauen, um zu schreiben. Durch mein heftiges Lachen wird das Ganze auch nicht einfacher. Auch Muhamad und Abid'allah krümmen sich schon, und der Chef nutzt die Pause, um bei seinem Cousin Tee zu bestellen. Wir fahren fort: »Also: 3. Man stürzt sich nicht wie ein Wilder ins Wasser. 4. Man schwimmt hinaus, bis man nicht mehr stehen kann, und sucht Oline mit den Augen oder einem Fernglas, ohne gleich nach rechts oder links draufloszuschwimmen. Achtung, man ist bei ihr zu Hause. 5. Sie kommt, und man kreuzt die Hände über dem Bauch oder dem Rücken, um ihr sofort zu zeigen: Ich gehöre nicht zu den Idioten, die sich einfach so auf dich stürzen. 6. Das beste Mittel, ihre Neugier zu wecken, ist, ein besonderes Geräusch zu erzeugen, beispielsweise zwei Steine aneinanderzuschlagen, sie zu rufen oder zu singen. 7. Zweiter Trick: Du musst so tun, als würdest du dich mit etwas überaus Spannendem beschäftigen, dann will sie sehen, was los ist, und mitspielen.«

Ich lache sehr über Joumas Humor. Er hat offensichtlich seine eigenen Erfahrungen mit dem angereichert, was Delphinliebhaber in Büchern gelesen und ihm erzählt haben. Ich habe diese Anweisungen bereits getestet, ich habe sogar zehn Minuten mit einem alten Reifen gespielt, um Oline anzulocken. Ohne Erfolg!

Nuweiba Mezaina, April 1997

Lästiger Einkauf im kleinen Dorfladen. Wir gehen auf den Dorfstraßen mit ihrem Belag aus Sand und fester Erde. Aus den Höfen hört man mal das Gezänk, mal das Lachen der Frauen. Langhaarige Ziegen und ein paar junge Dromedare spazieren seelenruhig vorbei und finden noch die letzten Reste der zwischen den Steinen unsichtbaren Vegetation.

Ein erstaunliches Schauspiel ereignet sich vor meinen Augen: Alle Hunde, denen wir begegnen, kommen herbei und begrüßen Abid'allah. Da ich in das Gespräch mit meinen Freunden vertieft war, habe ich nicht sofort darauf geachtet, aber nach einigen Metern ist es nicht mehr zu übersehen: Die Tiere legen ihre Schnauze in Abid'allahs Hand, als wollten sie ihm huldigen. Er läuft weiter. Er redet mit uns, aber die Hunde kommen angetrottet, reiben sich an ihm und gehen dann wieder ihrer Wege. Niemandem scheint dieses Wunder aufzufallen. Kein Tier kommt zu mir oder zu Darwish oder zu seinem ältesten Sohn. Nur Abid'allah genießt diese außergewöhnliche Aufmerksamkeit. Wie viele der mehr oder weniger wilden Hunde haben ihn in diesen paar Minuten begrüßt? Ich unterbreche ihn: »Abid'allah, die Hunde hier haben dich gern …«

»Ja, na und? Das war immer so mit den Tieren, verstehst du?«

Ich beginne zu verstehen. Dieser Mann hat eine echte Gabe, sich mit Tieren zu verständigen. Eine ganz eigene, schwer beschreibare Gabe. Es ist etwas Inneres, ein Wesenszug, den Haustiere und wilde Tiere erkennen, wir Menschen aber nicht …

Am nächsten Tag bitte ich Abid'allah, mich mit zum Fischen zu nehmen. Natürlich werde ich ihm keine große Hilfe sein, aber ich bin neugierig zu sehen, warum er regelmäßig einen größeren Fang heimbringt als die anderen Beduinen.

Fünf Uhr morgens, ich bin als Erste wach. Also ziehe ich den Badeanzug an, der immer am Fußende meines Schlafsacks bereitliegt, und begebe mich zum Riff hinunter. Ohne Joumas Kissen unter dem Po muss ich sehr aufpassen, damit ich mich nicht am Rückenstachel eines Steinfisches oder an einer Skorpion-Stachelschnecke verletze. Man muss sich vor diesen unsichtbaren Tieren mit ihrer perfekten Tarnung in Acht nehmen, ihr Gift kann tödlich sein. In der Volksmythologie erweckt zwar immer der Hai die größte Angst, aber auf dem Riff des Roten Meeres bedrohen diese kleinen, gestaltlosen Angreifer die Menschen viel mehr. Deshalb blicke ich stets durch das Wasser auf die Unebenheiten des Bodens, und sobald es tiefer wird, strecke ich mich aus und schwimme. Mein Körper gleitet sicher über die Gefahren hinweg und auch über die Korallen, die alle erdenklichen Farben annehmen, sobald man sich ein paar Meter vom Ufer entfernt. Oline ist nicht weit, ich sehe ihre Rückenflosse hinter den beiden Booten in der Nähe des Ufers, ab und zu auch die kleinere von Jimmy daneben.

Mit wenigen langsamen Zügen bewege ich mich durch das warme Wasser in ihre Richtung. Ich weiß nie, was die Delphine tatsächlich wahrnehmen. Es gibt die subjektiven Eindrücke der Menschen, unsere Projektionen und Phantasien … der Rest ist Geheimnis. Oline ist eine Armlänge von meiner Schulter entfernt, nicht mehr und nicht weniger, aber sie kommt nicht dichter heran. Ich glaube zu verstehen, dass sie mich noch testet, aber vielleicht ist ihr auch diese Distanz so gerade angenehm?

Plötzlich denke ich an Flipper und Ric O'Barry, den Darsteller des Dresseurs. Flipper der Delphin, Held der amerikanischen Fernsehserie aus den siebziger Jahren, wurde nacheinander von sechs männlichen und weiblichen Delphinen gespielt. Zwischen Ric und dem letzten

Delphinweibchen, Kathie, entstand eine echte Freundschaft, und Ric erkannte, dass sie in der Gefangenschaft unglücklich war. Er ertrug seine Arbeit im Seeaquarium von Miami nicht mehr und kündigte. Später wurde Kathie in ihrem Betonbecken krank, und man rief ihren Freund Ric. Sobald er in das Becken tauchte, glitt Kathie in seine Arme, um ihr Blasloch für immer zu schließen. Offenbar hatte sie mit dem Sterben auf ihn gewartet. Ric O'Barry war tief getroffen. Von nun an führte er einen leidenschaftlichen Kampf gegen das Einfangen und Gefangenhalten von Delphinen. Er versuchte, Tiere mit Gewalt aus den Delphinarien zu befreien und saß deshalb mehrfach im Gefängnis. Inzwischen hat er die Methoden geändert und bleibt bei legalen Mitteln, um die Öffentlichkeit in der ganzen Welt aufzurütteln. Er hat ein Rehabilitationszentrum für gefangene Delphine gegründet. Mit seinem Talent als einstiger Dresseur bringt er ihnen dort, sozusagen rückwärts, die Lebensweise eines wilden, freien Delphins bei.

Hier, bei Oline, der Königin von Mezaina, verspüre ich das Verlangen, mich vor diesem Mann zu verneigen. Ich würde ihn gern hierher bringen, damit er diese Wirklichkeit bewundern kann, diesen Delphin, der die Menschen dazu erzogen hat, ihn zu achten, zu lieben und zu verstehen! Noch eine Lektion und gewiss nicht die letzte.

Vertieft in meine Gedanken und in den Anblick von Oline und ihrem Sohn, die in dem türkisgrünen Wasser des Morgenlichtes ihre Runden drehen, habe ich Abid'allah nicht herankommen sehen. Sie aber hat seine Anwesenheit sogleich gespürt. Ich halte mich abseits, um dieses Schauspiel zu bewundern. Jimmy paddelt fröhlich um sie herum. Oline gibt sich mit sichtbarem Behagen den Liebkosungen ihres Freundes hin. Sie werden schneller und schwimmen aufs offene Meer hinaus. Ich kehre zum Strand zurück. Von weitem sieht man kleine Strudel und ab und zu zwei Köpfe auftauchen, die Luft holen und gleich wieder verschwinden. Ich lächele. Ich bleibe gegenüber Oline Zuschauerin, aber für Abid'allah ist sie die beste Freundin, mit der er einen intensiven, wechselseitigen Austausch pflegt, ganz und gar anders als alles, was ich bisher erfahren habe. Ich fühle mich erstaunlicherweise etwas leer. Aber bald kommen Darwish und gleich darauf die beiden Unzertrennlichen, Ibrahim und Madane, um mich zu begrüßen. Nein, diese Freunde würde ich gegen nichts auf der Welt eintauschen.

Ibrahim weist auf mein nasses T-Shirt: »Ah! Du warst bei *Amazing*!« Ich verstehe nicht. Er wiederholt: »Aber ja doch! *Amazing*.« Alle amüsieren sich, Darwish verlangt eine Übersetzung, er hat nicht verstanden, dann lacht auch er. Ich weiß zwar, dass *amazing* im Englischen so etwas wie *phantastisch* heißt, aber ich verstehe den Zusammenhang mit meinem Bad nicht, sofern es denn einen gibt … »Natürlich«, erklärt Madane, und in seinen Augen blitzt wie üblich der Schalk. »Alle Ausländer, die aus dem Wasser kommen, sagen das: *Amazing, amazing!* Und sie meinen damit den Delphin.« Endlich habe ich es kapiert! Sie machen sich über die Begeisterung lustig, mit der die Touristen Oline begegnen. Ibrahim fragt: »Weißt du, was *amazing* heißt?« Ich erkläre den Sinn: »Verblüffend, sensationell«, und wir lachen herzlich, denn niemand von ihnen hatte an eine so einfache Erklärung gedacht. Sie meinten, es müsse etwas Enormes, Geheimnisvolles sein, da die Besucher so glücklich aussehen, wenn sie es aussprechen. Mit den Touristen aus den westlichen Ländern haben die Beduinen die *internationale Sprache* entdeckt: Englisch. Sogar die Ältesten wollen die Bedeutung einiger Wörter wissen, um mit ihren Gästen zu kommunizieren. So auch der Vater von Darwish und Ahmed, der mindestens neunzig Jahre alt ist. Eines Morgens fragt er mich: »Wie sagt man *willkommen* in der Sprache der Touristen?« Für ihn haben diese Ausländer alle dieselbe Muttersprache, denn mit den Dorfbewohnern reden sie immer Englisch.

Abid'allah kommt zurück, um seinen Milchkaffee zu trinken. Gedankenverloren und sehr ernst sagt er: »Wir müssen sofort aufbrechen.« Er weiß schon, wohin er an diesem Morgen fahren wird. Was hat er gesehen? Vielleicht zeigt ihm Oline die guten Fischfanggebiete des Tages? Auf jeden Fall bin ich bereit, zum Glück, denn er wartet nicht.

Saubere Netze, Angelhaken, Käscher. Ich bin erstaunt über Abid'allahs Organisations- und Führungstalent … Die Beduinen sind nicht daran gewöhnt, sich so zu beeilen. »Los! An die Arbeit, an die Arbeit!«, ruft er und deutet mit einem Finger auf seine Taucheruhr.

Die Sonne ist noch sanft, rosa und mild, und wir sind schon unterwegs. Abid'allah streckt den Kopf durch das geöffnete Fenster und schaut in die Ferne. »Dort!« Er zeigt auf einen Punkt am Horizont. Ich sehe nichts Besonderes, keine Vögel in der Luft, keine Luftblasen auf dem Wasser … aber mein Freund ist zu konzentriert, um auf meine Nachfragen zu antworten. Ich werde schon sehen. Tatsächlich aber werde ich nie erfahren – weder ich noch jemand anders –, wie er seine Fangplätze auswählt.

Wir haben angehalten, Männer und Kinder gehen ins Wasser, um die Netze etwa am Rand der Korallenbänke in acht Meter Tiefe zu spannen. Wir fahren weiter die Küste entlang. Als Abid'allah plötzlich aufschreit und mit dem ausgestreckten Arm wieder auf einen für alle unsichtbaren Punkt weist, ändern wir den Kurs in Richtung Strand. Neue Netze werden ausgelegt. Nach zwei, drei Stunden fahren wir die Küste in entgegengesetzter Richtung ab, um die Netze und die Beute einzuholen. Abid'allah wollte einen Schwarm *Rim* fangen, jene schönen blauen Fische, deren Namen ich in keiner anderen Sprache kenne.

Viele kleine Fische, die im Riff leben, haben sich fangen lassen. Ihre Schuppen glänzen in der Sonne, sie zappeln noch in den Körben. Ein paar Rötlinge, Tüpfel-Kaninchenfische, Meerjunker, kleine Zurringe ... türkis, rot, gelb ... alle Farben der Welt hauchen in dem Korb ihr Leben aus. Aber seltsamerweise ist es kein trauriges Schauspiel. Ich weiß, dass sie mit großem Appetit von den schönen Kindern von Mezaina gegessen werden oder als Köder für andere, größere, kostbarere Fische dienen, die auf dem Markt von Nuweiba oder Dahab verkauft werden, um Geld für Kleidung, Fleisch oder Medikamente einzubringen. Die Farben des Meeres ernähren Mezaina.

Früher verkaufte das Dorf nur wenig Fisch. Er wurde vor allem für den Eigenbedarf gefangen und entweder gleich frisch gegessen oder für den Winter getrocknet und gesalzen. Heute gehen die Mezaini weniger auf Wanderschaft, und der Preis für große Fische ist stark angestiegen, hochgetrieben durch die Nachfrage aus dem Ausland. Deshalb lohnt es sich, sie zu verkaufen und das Talent zum Fischen zu Geld zu machen. Abid'allah hat das sehr gut verstanden. Er fischt, seit Darwish ihm das Schwimmen beigebracht hat, also schon bevor er sieben Jahre alt war. Darwish kann nicht fischen, und Abid'allah hat es ihm niemals gezeigt, aber ich habe schon gesehen, dass er dem Älteren von seinen Fischen abgibt, wenn er die Körbe leert.

Der Fischfang ist noch nicht beendet. Jetzt fährt Abid'allah in seinem frisch, wieder türkisblau gestrichenen Boot hinaus. Er nimmt seine Angeln und legt mit der Hilfe von zwei Jungen die Köder aus, um ein paar Riesenbarsche zu fangen, die im Roten Meer laichen.

Der Motor brummt, und die Strudel, die er im Wasser erzeugt, scheinen Oline und Jimmy sehr zu amüsieren. Sie lassen sich im Kielwasser mitziehen und massieren. Wir sind auf dem offenen Meer – der blauen, schwarzen und grauen Wüste. Die Angelruten biegen verheißungsvoll ihre Spitzen in die Tiefe. Wie ein urzeitlicher Jäger horcht Abid'allah auf außergewöhnliche Geräusche, lauert auf die kleinsten Lebenszeichen aus dieser ihm so vertrauten, mehr als tausend Meter tiefen Welt. Er gehört ganz und gar zu ihr, so wie wir wohl alle, aber Abid'allah Mekhassen erhält von ihr Antworten auf seine Fragen, während unsere allzu oft von der Stille verschluckt werden. Die Natur, die ihn umgibt, ist ein Teil seiner eigenen Natur. Auf dem Meer fühlt er sich am wohlsten. Von der Oberfläche aus sieht er das Leben, das sich unter den Wogen ereignet. Es stimmt, wenn man Abid'allah als einzigartigen Fischer und Taucher bezeichnet, aber da ist noch viel mehr. Das Meer war lange Zeit seine einzige Zuflucht, seine Schule und sein Zuhause. Vielleicht hat Oline ihm ihre Tricks als erbarmungslose Jägerin beigebracht. Die Delphine besitzen nämlich unfehlbare Fangtechniken, sie gehören zu den gefährlichsten Räubern der Meere. Obwohl Abid'allah weder ihre Werkzeuge noch ein Sonar besitzt, erspürt er doch das Meer und vor allem die Meerestiere: Fische, Kalmare, Delphine. Er ist eine Brücke zwischen den Tieren und den Menschen. Während ich in seinem Boot sitze und ihm zusehe, glaube ich, dass seine Taubheit ihn so empfänglich für Olines Körpersprache und bereits vorher für die Sprache der Fische und die ihrer Bewegungen gemacht hat. Warum lassen sie sich von ihm leichter fangen? Von ihm, der immer weiß, wo er sie in dieser salzigen Unendlichkeit finden kann?

Nicht nur seine besonders scharfen Augen, sein ganzer Körper sucht nach der Beute. Er steht im Bug, hält den Oberkörper gebeugt und die Hände in unruhiger Erwartung zu Fäusten geballt, seine Schultern sind eine Herausforderung an den heftigen Nordwind. Plötzlich streckt er seinen Arm wie die Schnur eines Bogens, er weist nach Südost. Die beiden Kinder heben wortlos den Anker und rudern in diese Richtung.

Er hat es gespürt. Was? Einen Fischschwarm. Weniger als einen Kilometer entfernt, vielleicht 400 Meter. Der Anker fällt und hakt sich an einem Felsen oder einer Koralle fest. Die Angeln bewegen sich. Offenbar eine leichte Beute. Der Boden des Bootes ist bald von dicken Thunfischen, Barrakudas und Riesenbarschen bedeckt, jeder einzelne Fisch wiegt mehr als ein Kilo. Ich bin umringt von diesen Muskelmassen, die noch immer kämpfen ... aber ohne Hoffnung. Mit beinah erschreckendem Ernst schaut mich Abid'allah an. Das stolze Lächeln, das ich so gut kenne, kehrt langsam in sein Gesicht zurück. Nahezu berauscht strecke ich ihm meine Hand entgegen, damit er einschlägt. »Nicht schlecht, was?« Er zuckt mit den Schultern, sichtlich zufrieden, dass er mir sein Talent bewiesen hat. Und außerdem hat er einen guten Tagesverdienst! Er küsst seine Fingerspitzen und streckt sie dem Himmel entgegen, ich übersetze es in Worte: »Gesegnet sei Allah!«

Oline stößt kleine schrille Schreie aus, um auf sich aufmerksam zu machen. Sie weiß, dass die Arbeit erledigt ist. Die Angelschnüre liegen auf den Fischen im Boot. Die beiden Jungen albern herum. Abid'allah sieht mich an, als wolle er sagen: »Was kann ich dafür, wenn sie mich liebt?« Dann springt er ins Wasser, als würde er einen Schritt auf dem Bürgersteig machen, mit der Leichtigkeit der festen Gewohnheit, allerdings ohne die Routine, der die Liebe zu den Dingen fehlt, an die man nicht einmal mehr denkt. Ich beuge mich hinunter, hänge Hände und Haare ins Wasser, um mich zu erfrischen. Plötzlich kommt Jimmy angeschwommen. Er berührt meine Stirn mit seinem Maul. Offenbar will er sagen: »Ich möchte auch eine Spielgefährtin haben ...« Ich tauche hinab. Er ist noch niedlicher als Oline, so naiv, so zart. Wie ein Kätzchen oder ein Bärenkind.

Er streckt sich etwas aus dem Wasser, mir entgegen: Ich streichle seinen Hals, die Struktur der Delphinhaut ist schwer zu beschreiben. Während des Kalten Krieges haben sowjetische Wissenschaftler vergeblich versucht, sie künstlich nachzubilden. Die Aerodynamik der Delphine im Wasser findet auf unserer Erde nichts Vergleichbares. Jimmy verschwindet unter dem Boot, wahrscheinlich, um zu seiner Mutter zu schwimmen. Ich weiß, dass sie es nicht mag, wenn er sich Fremden nähert. Sie hat wohl unter Wasser seinen Namen gepfiffen. Das Meer ist schön. Jimmys bloßer Gruß hat mir ein seltsames Glück bereitet, eine Erfüllung, mich mit positiver Energie erfüllt. Das also ist das erste Geschenk der Delphine an die Menschen. Es ist viel mehr als gute Laune, es ist einfach eine große Portion Glück.

Strand von Mezaina, Ostern 1997

Martin ist fünfunddreißig, er ist Schauspieler in London. Jetzt sitzt er im Schneidersitz vor mir, das rot-weiße Beduinentuch um den Kopf gewickelt. Mit einem seligen Lächeln auf seinem roten Gesicht erzählt er mir, was er sechs Monate im Jahr in Mezaina macht: »Es hat vor fünf Jahren angefangen, eines Nachts in meiner kleinen Wohnung. Ich war allein und hatte einen Traum, der mich vollkommen verändert hat. Im Traum habe ich einen schönen Tümmler gesehen, wir sind zusammen geschwommen, haben in den Fluten getanzt, und er hat mein Leben in ein neues Licht getaucht.« In den englischen New-Age-Kreisen, bei Meditationsanhängern und Delphinliebhabern hörte er bald von einem Delphin, der frei im Roten Meer lebte. Er sah in ihm den Delphin seines wunderbaren Traums. Ohne zu wissen, was an den Gerüchten dran war, beschloss er, die Reise zu wagen.

Nach einigen Irrfahrten entdeckte er Mezaina. Zuerst verliebte er sich in Oline, dann in die Beduinen und vor einem Jahr in eine junge israelische Taucherin, mit der er jetzt ein Baby hat.

Er kommt mehrmals im Jahr, um die Erfüllung seines Traums zu erleben. Zusammengerechnet hat er fast drei Jahre hier verbracht. Um seine Reise zu finanzieren, bringt Martin jedesmal eine kleine Gruppe von Engländern mit, die Oline und den Sinai entdecken wollen. Diese Touristen sind etwas anders als die üblichen, sie kommen, um zu meditieren, sich selbst zu entdecken und ihre Beziehung zur Natur zu stärken. Es sind Frauen und Männer, die ihr Leben neu gestalten wollen. Sie sind auf der Suche, einer spirituellen, persönlichen Suche, die nicht immer leicht zu verstehen ist, wenn man nichts damit zu tun hat.

Sie sagen, dass sie mit Hilfe von Musik, Lektüre, Yoga und anderen Körperübungen Wohlbefinden und ihre innere Wahrheit finden wollen. Sie studieren die Bibel und die großen mystischen Autoren wie Roumi. Manche sind Buddhisten oder Zen-Mönche geworden. Sie haben die Beduinen zuerst sehr erstaunt. Im Unterschied zu den israelischen Hippies und den klassischen Touristen suchen sie die Abgeschiedenheit. Alle staunen über ihre großen Feste am Feuer, bei denen der grüne Tee an die Stelle des Alkohols tritt. Martin fühlt sich sehr wohl. Mit seinem Schauspieltalent und der perfekten englischen Diktion erzählt er seine eigenen Beduinenlegenden. Er hat einen Weg gefunden, in seinem Traum zu leben.

Ebenso geht es seiner Landsmännin Helen, die in Sandalen durch das flache Wasser läuft. Ihr Kopf scheint in das unendliche Blau des Himmels eingetaucht. Man hat den Eindruck, sie würde den Sand mit ihren Händen nicht anfassen, sondern nur streifen, sie würde sich niemals einem anderen Menschen zuwenden, sondern ihn erfinden. Sie hat keinen Traum, sondern ist auf der Suche. Helen hat eine verantwortungsvolle Stelle in Oxford, und sie nutzt ihre Ferien, um sich nach Mezaina davonzumachen. Jeden Tag schwimmt sie mit Oline, von der sie voller Liebe spricht: »Das Zusammensein mit Oline öffnet meinen ganzen Körper, befreit mich von allem Druck. Es heißt, dass uns das Geräusch ihres kaum hörbaren Sonars beeinflusst. Dadurch kann unser Gehirn Alphawellen ausstrahlen, die Wellen der Entspannung. Bei mir funktioniert es jedenfalls. Ich fühle mich hier immer glücklich, das habe ich ihr zu verdanken. Ich fühle mich frei.« Helen scheint sehr froh, mir ihre Erfahrungen mitteilen zu können. Die Beduinen halten sie für ein wenig sonderbar. Nur Jouma ist wirklich ihr Freund. »Er bringt mir die Zeichensprache bei, und wir unterhalten uns stundenlang, wir laufen am Wasser entlang und ich vergesse mein ganzes graues Alltagsleben in England!« Sie trägt bunte Baumwollhosen und ein weites T-Shirt. Dieser Ort ist für sie ihr wahres Zuhause. Hier scheint sie wirklich bei sich zu sein. Die kleinen Mädchen flechten ihr die Haare und basteln ihr jeden Tag neue Armbänder. Sie hat ihren Bungalow und ihre Gewohnheiten – es ist wie ein Zweitwohnsitz in einem Traumland, direkt am Ufer des Roten Meeres.

Wie viele andere finden Martin und Helen in Mezaina eine unverzichtbare Ergänzung zu ihrem Alltagsleben. Sie haben nichts mit den klassischen Besuchern gemein, die für ein paar Stunden anreisen und nur einen Blick auf Oline und die Beduinen werfen. Touristen wie Martin und Helen sind hier fast zu Hause. Ich sage fast, denn die Mezaini nehmen sie nicht in ihren Clan auf. Sie bleiben Fremde, auch wenn ihr Zugehörigkeitsgefühl sie tief mit diesem so weltoffenen Ort verbindet.

In der Wüste des Sinai berühren sich die Elemente, ohne sich jemals zu vermischen oder gegenseitig zu vereinnahmen. Das Wesen jeder Sache scheint unveränderlich. Der Beduine ist der Beduine, die Frau ist anders als der Mann, der Berg beugt sich niemals dem Reisenden, der jedoch in seinen Felsen Zuflucht finden kann. Das Dromedar gehört dem weisen Beduinen, der mit ihm umgehen kann. Der Brunnen und das Süßwasser gehören wie alles andere Allah, dessen Willen der des Menschen ist. Jeder Bestandteil der Wüste, ob Mensch, Tier oder Mineral hat seinen festen Platz. Wenn man versuchen würde, diese Ordnung zu ändern, würde man sie nur zerstören.

Strand von Mezaina, Mai 1997

Die fünf ägyptischen Pfund, die Abid'allah von dem Eintrittsgeld für den Strand erhält, scheint er sofort wieder auszugeben. Er bezahlt den Mietpreis für den Jeep und das Angelzeug, entlohnt verschiedene Dienste, verleiht Geld, wenn man ihn darum bittet, und verteilt das Kleingeld an die begeisterten Kinder.

Und dann beschließt Abid'allah, dass er neben dem Steinhäuschen, dem Pionier auf diesem einst verlassenen

Strand, ein Hotel haben will. Wieder einmal fährt er in die Nachbarstadt Dahab, um einen ägyptischen *Mouhendis*, einen Bauleiter zu finden. Er überzeugt ihn, sich die Örtlichkeiten anzusehen, um die Arbeiten einzuschätzen. Abid'allah gibt ihm sofort einen Vorschuss, denn er hat es eilig, weil er die immer zahlreicheren Touristen so gut wie möglich empfangen möchte. Er will ein Obergeschoss mit Fensternischen. Er will eine Terrasse zum Meer. Er will viel Beton und moderne Kacheln für die Wände und den Boden. Er hat Geld für den Anfang: Dem *Mouhendis*, der ein wenig über diesen seltsamen geschwätzigen Beduinen staunt, zeigt er Bündel ägyptischer Pfundnoten, die von einem Hanfband zusammengehalten werden.

Schon in der folgenden Woche sind die Arbeiter da. Der ägyptische Architekt kennt die örtlichen Gewohnheiten gut genug, um zu wissen, dass man so schnell wie möglich anfangen muss, ehe das Geld von anderen Ausgaben oder feuchtfröhlichen Festen aufgefressen wird. Die Arbeit beginnt auf ägyptische Art: Zwei Maurer graben und drei sehen zu oder bringen ihnen das Material, dann werden die Rollen getauscht.

Abid'allah spaziert durch das Dorf, seine lange weiße Galabya reicht ihm bis zu den Füßen, der rot-weiß karierte *keffieh* umrahmt seinen geraden Blick. Alle grüßen ihn und erkundigen sich, wie es die Tradition verlangt, nach seiner Gesundheit. Und alle sehen ihn an. Faktisch ist er zum jungen Scheich des Dorfes geworden, zum Anführer, auf jeden Fall steht er im Mittelpunkt des Interesses. Fast jeder Fremde fragt nach Abid'allah, noch ehe er seinen Rucksack abgestellt hat. Sein Ansehen und sein Geld haben ihn zu einem einflussreichen Mann gemacht.

Wenn er gut gelaunt zu sein scheint – ein arabisches Sprichwort sagt: *Yom Assal, Yom Bassal*, ein Tag Honig, ein Tag Zwiebeln –, kommen die Kinder zu ihm und bitten um etwas Taschengeld. Auch alte Leute oder andere, in deren Familie es gerade an Geld fehlt, bitten ihn ganz einfach darum, und für ihn ist es ein riesiges Vergnügen zu geben: Dass er großzügig sein kann, ist der wahre Beweis seines Erfolges. Ich würde fast sagen, Abid'allah ist der »Pate« der Mezaini geworden, denn nur selten wird sein Wille missachtet, nicht von den Einwohnern des Dorfes, aber auch nicht von den örtlichen Behörden. So ist Abid'allah Mekhassen beispielsweise der Einzige, der von der Präfektur des Sinai in Rekordzeit einen Pass erhalten hat. Die anderen Beduinen müssen ein Vermögen bezahlen und Monate warten, um das Land verlassen zu können, nicht so Abid'allah.

Jetzt will er Strom für sein Hotel. Die staatliche Elektrizitätsgesellschaft, die für die Versorgung des Strandes zuständig ist, hat es ihm bewilligt. Eine Premiere. Es war ziemlich teuer, aber er hat bekommen, was er wollte, und er wird wohl der Einzige bleiben.

Für die Bewohner ohne Privilegien sind die Gesetze oft ernsthafte Eingriffe in ihre Freiheit. Das wird mir wieder einmal bewusst, als ich meine Freundin Fatma, die Heilerin, besuche. Ihr Mann Darwish bietet mir an, mich hinzufahren, weil er mein Auto ausprobieren möchte. Auch wenn es nur ein paar Meter sind, er fährt leidenschaftlich gern. Jahrelang war das sein Beruf bei Asher, und nun darf er es gar nicht mehr. Er erklärt mir, dass die ägyptische Regierung die Fahrerlaubnis von allen Behinderten eingezogen hat, egal, was für eine Behinderung sie haben! Keiner der Gehörlosen von Mezaina darf mehr ein Auto ausleihen, um Touristen herumzufahren, oder auf einem Traktor arbeiten wie früher. Das ist absurd, in Europa oder Israel können die meisten Gehörlosen sehr gut fahren ... Ich rege mich über diese Ungerechtigkeit auf! Darwish ergänzt: »Deshalb bin ich mit meinen acht Kindern heute auch so arm: Wir können nicht mehr so arbeiten wie früher!« Es macht ihm so großen Spaß zu fahren! Er spürt die Vibration des Motors und gratuliert mir: »Tolles Auto! Möge Allah dich beschützen!« Die Kinder rennen schon voraus, um der Hausherrin mein Kommen anzukündigen, und ich leihe Darwish mein Auto für eine Stunde, erkläre ihm, dass ich mich nicht um diese idiotischen Gesetze schere und mich um alles kümmern werde, falls es Probleme gibt. Damit meine ich, dass ich das nötige Bakschisch bezahlen werde, um ihn freizukaufen, wenn die Polizei ihn erwischt.

Darwishs Cousine, eine große, gebeugte Frau, sitzt in einer Ecke des Hofes. Sie wartet. Ihr Gesicht ist traurig, völlig aufgelöst, sie gleicht einem Sumpf oder einer Wanderdüne, aus der es kein Entrinnen gibt. Bei uns würde man sagen, sie hat Depressionen. Für die Beduinen ist sie krank oder verhext, und nur eine Heilerin kann ihr helfen. Fatma, die *Dotora*, ist in die Fußstapfen ihrer Mutter getreten und übt nun diesen uralten Beruf aus.

Im Hof lärmen die Kinder, ich unterhalte mich mit den jungen Mädchen über Ehe und Familie. Die Sonne ist trotz der späten Nachmittagsstunde noch sehr warm. Fatma trifft ihre Vorbereitungen: ein Feuer mit Holzkohle und Weihrauch, eine Wasserschüssel, eine Hand voll grobes Salz. In der Ecke des Hofes streckt sich die in Kleider und Schleier eingehüllte Cousine jetzt langsam auf dem Boden aus, als würde sie erlöschen. Ich sehe nur ihren Rücken, aber ich stelle mir ihre Augen vor, die sie über ihrem schmerzerfüllten Innenleben geschlossen hat. Fatma kniet sich vor sie. In der rechten, fest zur Faust geballten Hand hält sie das Salz.

Sie konzentriert sich, und ihr freundliches Gesicht bekommt einen angespannten Ausdruck. Sie streicht mit der Faust über den Körper der Patientin. Vom Kopf bis zu den Füßen. Über die Hüften und den Bauch. Der Schmerz dieser Frau dringt in Fatma ein, sie zuckt zusammen und jammert, beschwört und klagt. Es gibt keine großen Schreie, keine großen Gesten. Alles scheint klein, so wie der Schmerz. Sie konzentrieren sich auf etwas, beide gemeinsam. Nach langen Minuten öffnet Fatma die Augen, die Faust und ein wenig ihren Körper, um aufzustehen. Gefolgt von der Cousine setzt sie sich feierlich ans Feuer, das beide Frauen jetzt mit Reisig füttern. Noch sind sie nicht befreit. Ich fühle die extreme Spannung, die sie gemeinsam mit einer anderen Sphäre verbindet, zu der ich lieber keinen Zugang haben möchte. Der Anblick ihrer Gesichter tut weh.

Fatma wirft das Salz ins Feuer und rezitiert dabei Sätze, die ich zuvor immer für ein Gebet gehalten hatte. Das Salz hat das Böse aufgenommen und muss gereinigt werden. Dann steht die Cousine auf, und Fatma, die neben ihr kauert, schiebt die Schüssel mit Weihrauch und Glut unter ihre Röcke. Der Rauch steigt auf und tritt an ihrem Hals wieder heraus. Sie wirkt jetzt etwas entspannter, lächelt fast. Die große Wärme nimmt ihren Körper für einige Minuten gefangen. Das ist alles. Die Cousine nickt mir und den jungen Mädchen kurz zu, dann geht sie nach Hause. Ich bin bewegt, und Fatma versteht das. Sie ist von ihrer hilfreichen Arbeit sichtlich erschöpft, aber sie setzt sich zu uns und nimmt das Gespräch von vorhin wieder auf.

Darwish ist zurück, er hat eine große Tour durch die Umgebung gemacht und strahlt! Ich erzähle ihm von der Sitzung, deren Zeuge ich gerade werden durfte. Er bestätigt: »Das passiert jeden Tag, dass Leute kommen, Frauen, aber auch Männer. Aber du hast noch gar nichts gesehen. Kennst du ihre Spezialität?« Ich wusste nicht, dass es in der traditionellen Medizin der Beduinen Spezialitäten gibt. Darwish erzählt in Zeichensprache, und all meine jungen Freundinnen kommen hinzu, um bei der Übersetzung zu helfen und in das Loblied auf Fatma einzustimmen. »Meine Frau ist eine Spezialistin für die Atmung. Wenn du Schmerzen im Hals hast oder auch im Kopf, kommst du, und sie hilft dir. Sie massiert dir kräftig den Hals, dann drückt sie dir gegen den Gaumen, damit du dich übergibst und die in deinem Hals eingeklemmte Entzündung mit dem unreinen Blut herauskommt.« Ich stelle mir die Szene vor und weiß nicht genau, ob ich bei Halsschmerzen den Mut zu einer solchen Schocktherapie hätte ... Aber es ist noch nicht vorbei: »Du fühlst dich dann schon besser, aber sie muss dir anschließend noch unbedingt mit einem glühenden Eisen ein Zeichen mitten auf den Kopf brennen, sonst kommt das Übel zurück und wird chronisch.«

»Mit einem glühenden Eisen?« Ich zucke zusammen.

Darwish beruhigt mich: »Nein, nein, es ist gar nicht so schlimm.« Er zeigt mir ein winziges Mal auf seinem kahlen Schädel. »Ich habe es machen lassen, und seitdem habe ich nichts mehr am Hals.« Ich denke mir, dass so eine Behandlung ziemlich abschreckend sein muss, aber hier in der Runde ängstigt sie niemanden. Zugegeben, unsere furchtbaren chemischen Medikamente schlagen auch manchmal wie ein Meteorit in unserem Organismus ein, obwohl sie so harmlos aussehen, die kleine Pillen ... Eine Frage der Gewohnheit.

Zehn Pfund, sieben Mark, um mit Oline zu schwimmen. Alle Führer bieten es an und bringen die Glücklichen zu den Mezaini.

Manche kommen von weit her, nur um den Delphin zu sehen. Sie wohnen am Strand und erholen sich wie alle anderen. Dann bezahlen sie keinen Eintritt, sondern nur die primitive Unterkunft und das hervorragende Essen – meistens etwas mit gegrilltem Fisch –, das im Vergleich zu den Industrieländern lächerlich billig ist. Immer mehr Gäste kommen. Ibrahim nennt sie die *Rucksäcke.* »Sie haben anscheinend ihr ganzes Haus auf dem Rücken. Sie tragen so viel Zeug mit sich herum, ich frage mich, wozu das nötig ist ...« Einem Beduinen, der daran gewöhnt ist, tagelang nur mit einem Kamel und Wasserschläuchen zu reisen, muss es tatsächlich unsinnig vorkommen, so viel Antimückenspray, Deo oder Feuchtigkeitscreme mitzuschleppen, nicht zu vergessen der umfassende Sonnenschutz, Sonnenbrille, Shampoo, warme Kleidung, Ersatzschuhe und Sandalen, Strandmatte, Schlafsack, Bücher und Talismänner aller Art. Sogar die Medikamente findet Ibrahim überflüssig: »Ich verstehe ja, dass sie hier nicht zu Hause sind, sie haben Angst vor Krankheiten. Aber hier kann man schließlich auch Medikamente kaufen … Es ist doch anstrengend, das alles auf dem Rücken zu schleppen, es ist unnötig. Das Wichtigste ist das Geld: Du nimmst Geld mit, und alles ist möglich. Das braucht man, einen Sack voll Dollars auf dem Rücken!« Schalkhaft wartet er auf meine Reaktion, er weiß ja, dass diese jungen *Rucksäcke* von sich behaupten, keinen Heller zu besitzen. Ich amüsiere mich über seine Analyse und entgegne: »Ja, aber du weißt doch, Geld ist zu teuer!« Wir lachen herzlich, und er bringt mir den zweiten Tee, den Tee der Freundschaft. Sein schönes, von der Sonne zerfurchtes Gesicht schenkt mir sein Lächeln wie einen Schatz. Ich würde keinen Rucksack gegen dieses Geschenk von Ibrahim tauschen.

Abid'allah setzt sich zu uns. Ibrahim erklärt ihm kurz, worüber wir gesprochen haben. Abid'allah sagt zu mir: »Ach, weißt du, manche von denen sind sympathisch, andere taugen nichts, das ist ganz unterschiedlich.« Die Beduinen bewerten die Menschen, denen sie begegnen, nach den inneren Werten, die sie an ihnen wahrnehmen. Sie mögen keine Menschen, die sie für schwach, leicht zu beeinflussen oder unaufrichtig halten. Das ist bei allen Stämmen gleich, und manchmal hängt alles von einem Zeichen ab, das womöglich nur falsch gedeutet ist. Aber sie respektieren jeden, und deshalb hat jedes möglicherweise voreilige Urteil keinerlei Auswirkungen. Außerdem kann es sich ja auch mit der Zeit ändern.

Ich frage Ibrahim schüchtern, wie die Beduinen mit ihrer sprichwörtlichen Gastfreundschaft diesen Ansturm von Touristen empfinden. »Nun, es verändert sich natürlich vieles! Bei uns kann jeder kommen, wann er will. Stell dir vor, du bist in der Wüste, und du hast dich verirrt. Du triffst auf ein Zelt: Die Bewohner sind sofort deine Gastgeber, sie geben dir alles, was sie haben, zu trinken, zu essen, zeigen dir den Weg, alles. Im Dorf ist es genauso. Aber du darfst nicht länger als dreieinhalb Tage bei ihnen bleiben, so will es das Gesetz. Verstehst du? Danach wird es sehr unhöflich, dann nutzt du sie aus. Das ist doch logisch, oder?«

»Aber natürlich ist das logisch, man muss ja zuerst die Familie ernähren, die Gäste sind doch nicht alles.«

Ibrahim lässt etwas Zeit verstreichen: »Am Anfang, verstehst du, da haben wir die Gäste nicht bezahlen lassen, aber allmählich haben wir eingesehen, dass sie das nicht verstehen. Das ist unsere Tradition, aber bei sich bezahlen sie für alles Steuern. Sie dachten wohl, hier sei es genauso. Also müssen wir ihnen auch Geld abnehmen, sonst ruinieren sie uns ohne böse Absicht, einer nach dem anderen … So ist das!«

Ibrahim spricht von einem seiner Freunde: »Siehst du, bei Martin, nun, da habe ich mich am Anfang gefragt, was dieser … dieser seltsame Vogel bei uns zu suchen hat, wenn er hier tagelang rumsaß. Er hat dümmlich gelächelt, nichts von unserer Art zu leben begriffen, er gaffte immer nur … Pascale, du kannst dir nicht vorstellen, wie sehr er mir auf die Nerven ging!« Abid'allah spricht dazwischen: »Er ist ein netter Kerl ...« Und Ibrahim fährt fort: »Heute sind wir Freunde. Ich habe verstanden, dass er ehrlich ist. Was soll's, wenn er uns etwas seltsam vorkommt, weil er sich hier wie zu Hause fühlt, als hätte er kein eigenes Zuhause, keine Familie, kein Geld, verstehst du, keinen Platz, nirgendwo. Er scheint für niemanden eine Bedeutung zu haben. So was kennt man hier nicht. Bei uns hat jeder seinen Platz.« Ich überlege mir, was Ibrahim und Abid'allah wohl für ein Bild von mir haben. Für sie habe ich ein Haus, einen Mann, eine Arbeit, ich habe offensichtlich Geld, denn ich habe ein Auto. Also bin ich ehrwürdig. Außerdem reise ich und kenne schon viele fremde Länder, deren Sprachen ich spreche, ich komme überall in der Welt zurecht, was vor allem Fatma sehr beeindruckt.

Abid'allah scheint wieder einmal meine Gedanken zu lesen: »Du kommst doch bald wieder, nicht wahr?« Diese Einladung beantwortet all meine Fragen. Ich erwidere einfach: »Natürlich«. Mit einem dankbaren Blick für meine beiden Freunde. Wir trinken den dritten Tee, den Tee des Lebens.

Nuweiba Mezaina, Juni 1997

Mehrmals am Tag kommt Abid'allah auf die große Baustelle seines Hotels. Er erklärt den ägyptischen Maurern auf seine Art, wie er die Sache sieht: Er brüllt ihnen ins Ohr. Sie wissen, dass er etwas taub ist, und ihnen bleibt nichts anderes übrig, als ihm zu verzeihen. Die Nachbarn und Freunde erkennen in seinem Verhalten auch eine kleine Rache. Er ist nun ein geachteter Kunde, nachdem er zuvor stets derjenige war, den man unterstützen und schützen musste.

Jeden Tag ändert er etwas an seinen ursprünglichen Plänen und zwingt die Arbeiter, schneller als üblich zu arbeiten. Ich glaube, er verhält sich dabei ganz so wie sonst. Auch im Alltag ändert er ständig seine Meinung, und kann nicht stillhalten. Deshalb ist es für mich nicht verwunderlich, dass er sich sein Hotel jeden Augenblick anders vorstellt.

Der Frühling geht zu Ende, es ist nicht allzu heiß, dreißig Grad im Schatten, vielleicht etwas mehr. Die Maurerkellen und Wasserwaagen murren, aber die Ägypter haben sich in ihre Arbeit gefügt. Die Treppe wächst Stufe um Stufe, der Beton glättet sich und trocknet. Nach wenigen Wochen ist das Skelett des Hotels hochgezogen, noch etwas beulig, weil es so schnell wachsen musste, aber sehr beeindruckend auf dem nackten Sand zwischen Dattelpalmen und Meer. Die Fenster und Türen aus Holz warten noch brav vor dem Rohbau.

Abid'allah gibt dem Architekten sein letztes Geld. Jetzt hat er nichts mehr, um die nächsten Löhne zu bezahlen, nicht mal mehr Geld für das Material. Er erklärt es dem Bauleiter, der schon begriffen hat: »Ihr müsst ein bisschen warten, sobald ich wieder tausend Pfund beiseite gelegt habe, sage ich euch Bescheid.« Der *Mouhendis* nickt: Hier in Ägypten ist es nichts Ungewöhnliches, wegen Geldmangels auf der Baustelle alles stehen und liegen zu lassen. Es ist sogar üblich. Hat man wieder genug Geld gespart, wird weitergearbeitet. Der Architekt und die Angestellten, die alle täglich bezahlt werden, sind sich ziemlich sicher, ihren Kunden niemals wiederzusehen, aber auch das ist Alltag für sie.

Am Strand von Mezaina, neben dem kleinen Steinhaus, erhebt sich also eine Villa aus rohem Beton, mit geräumigen Zimmern, gewölbten Decken und großen Fenstern zum Meer hin. Das Hotel von Abid'allah. Für die Clans von Mezaina ist es mehr als ein äußerliches Zeichen von Reichtum, es ist ein Zepter, ein Sinnbild. Dieser Strand ist kein einsames Stück Land mehr. Abid'allah ist nicht mehr der junge Bursche mit seinen Problemen, sondern ein stolzer Mann, auf den jeder hört. Und ein reicher Mann. Er besitzt das einzige Hotel im Dorf, und was für ein Bauwerk das ist!

Am Ufer entstehen jeden Monat zwei, drei neue Bungalows. Jede Familie, der ein Stück Strand gehört, versucht, aus dem neuen Ökotourismus von Mezaina, diesem unerwarteten Delphintourismus Kapital zu schlagen. Muhamad hat als einer der Ersten kleine Hütten gebaut, mit Wänden aus geflochtenem Stroh und Palmwedeln als Dach. Die festgestampfte Erde hat er mit einem chinesischen Baumwollteppich bedeckt. Jede Hütte besitzt ihre eigene Tür und ein kleines Holzfenster.

Es gibt Gemeinschaftsduschen, aber manchmal kein Wasser. Am einfachsten ist es, die altbewährte Waschmethode anzuwenden und sich gegenseitig, von einer Betonmauer getrennt und so vor Blicken geschützt, einen Eimer Wasser aus dem Brunnen überzuschütten. Wie alle, die an den eher rustikalen Tourismus im Sinai gewöhnt sind, bevorzuge ich diese Duschen, denn sie spenden großzügig frisches Wasser. Keine Überschwemmung, kein verstopfter Abfluss … aber viel Gelächter, weil es nicht immer leicht ist, jemanden blind über eine Mauer hinweg zu begießen.

Mezaina, Sommer 1997

Die Nacht verbirgt ihren Mond und ihre Myriaden von Sternen. Die Umrisse der jordanischen Berge gegenüber zeichnen sich vor einem weichen, etwas verschwommenen Himmel ab, sind nur ganz flüchtig zu erkennen, ehe die Sonne des Tages sie hinter einem Schleier von Hitze und Staub verschwinden lassen wird.

Der Horizont ist eine Linie, die diese Nacht durchschneidet, um das Meer kenntlich zu machen, dessen Blautöne sich im sanften Auf und Ab der Wellen ständig wandeln. Das oberflächliche Plätschern des Wassers lässt uns eine Ordnung, eine Logik, eine Bewegung erfassen. Ein reines und harmloses Plätschern, das die Leidenschaft und den Lärm der unterirdischen Welt verdeckt. Wer hatte nur die unsinnige Idee, sie die *Welt der Stille* zu nennen?

Die Meerestiefen sind ein Planet für sich, ein Planet mit Landschaften und Städten, mit Glück und Katastrophen, mit Parasiten und fleißigen Arbeitern, mit einer unaufhörlichen Aktivität, von der die Menschen so wenig wissen.

Aus diesen Tiefen taucht am Morgen Jimmy hervor, um Abid'allah zu begrüßen. Die Jahreszeiten, Regen und brennende Sonne scheinen ihm nichts anzuhaben. Er planscht fröhlich auf dem Riff, dort, wo das Wasser kaum siebzig Zentimeter tief ist. Oline bewacht seine Abenteuer aus größter Nähe, denn mit sechs Monaten ist ihr Sohn noch zu klein, um allein für sich zu sorgen, selbst wenn er bei den Menschen ist, die ihn hüten wie ihren Augapfel. Ramadan taucht zu Jimmy ins Wasser, es wird ein wahres Vergnügen. Während er juchzend seinen kleinen Freund bespritzt, schwimmt Abid'allah los, um Oline zu begrüßen. Ohne sich zu bewegen, erwartet sie ihn in einigen Metern Entfernung. Falah gesellt sich zu Ramadan, ihr Lachen schüttelt die Dattelbäume am Strand und lockt die Touristen aus ihren Bungalows. Wie die Glöckchen der Märchenfeen bedecken das Kinderlachen und das spritzende Wasser den Strand mit Glück.

Diese kostbaren Morgenstunden, die Mezaina täglich erlebt … Sie lassen alle Unannehmlichkeiten des Lebens vergessen. Abid'allah fährt hinaus, um die tägliche Ration Fisch für seine Freundin zu fangen. Er wird in ein paar Stunden zurück sein, lange vor Einbruch der Nacht. Muhamad und Ibrahim kümmern sich am Strand um ihre Gäste und die Bungalows. Der Duft des mit Kardamom gewürzten Kaffees überlagert für ein paar Augenblicke den Geruch des Meeres, er ist ein unfehlbares Heilmittel gegen jede Erschöpfung.

Das Frühstück nach westlicher Art hat auch in diesem Mikrokosmos von Nuweiba Mezaina siegreich Einzug gehalten. Es gibt Omelette aus frischen Eiern, Quark, Cornflakes und – ein absolutes Muss – Weizencrêpes mit Honig. Ich frage mich, welcher Bretone sie wohl eingeführt haben mag. Solche Gerichte hatte ich hier noch nie gesehen. Früher standen zu jeder Tageszeit levantinisches

Humus, ein Püree aus Kichererbsen, gegrillter Fisch, Salate mit Olivenöl und manchmal noch *Lebne*, arabischer Ziegenkäse, auf dem Speiseplan. Lamm- oder Kamelfleisch war für Festtage reserviert. Unverzichtbar auch die leckeren Guyabasäfte.

Nach dem Frühstück und den auf Englisch geführten Gesprächen beschließen einige der holländischen, belgischen oder amerikanischen Touristen zu baden, andere wollen lieber im Schatten verdauen und sich vom Rhythmus der Beduinen wiegen lassen. Muhamad achtet auf die Wünsche jedes Einzelnen und versucht, die Bedürfnisse seiner Gäste vorherzuahnen. Diese schwierige Aufgabe erledigt er mit Bravour. Niemandem fehlt es an irgendetwas, sogar Rauchspiralen, um die Mücken zu vertreiben, sind für den Abend gekauft, denn die blasse Haut der Holländer scheint die Insekten unweigerlich anzuziehen.

Aber plötzlich, mitten in der Schwüle des Tages, beginnen die Kinder, die im Wasser spielen, zu schreien. Es ist zehn Uhr. Muhamad ist in der Küche seines Häuschens beschäftigt und merkt zunächst nichts von der Aufregung, die plötzlich vom Strand Besitz ergreift. Eine Besucherin, die schon seit mehreren Tagen da ist, stürzt zu ihm und gestikuliert wild, wobei sie abwechselnd auf den an die Wand gemalten Delphin und das Meer zeigt.

Alles Blut weicht aus Muhamads Gesicht, der Mund ist weiß, die Augen wie erloschen, die Furcht entstellt sein Gesicht. Er rast zum Strand, läuft über das Riff zu der Gruppe aufgeregter Kinder. Sie bestürmen ihn alle gleichzeitig mit Zeichen, aber er liest in den verschleierten Augen von Ramadan, der fast reglos auf dem Wasser treibt, dass Jimmy etwas Schlimmes zugestoßen ist. Muhamad taucht hinab. Der kleine Delphin liegt auf dem sandigen Meeresgrund. Es ist diesmal kein Spiel. Er zittert wie ein Greis, das ist sein einziges Lebenszeichen. Oline umkreist ihn wie unter Zwang, aber sie versucht nicht, ihn an die Oberfläche zu bringen, obwohl er doch ganz schnell Luft braucht. Muhamad schießt aus dem Wasser empor wie ein Ball und macht den Kindern Zeichen, ihm zu helfen. Schnell tauchen sie die fünf Meter zum Meeresgrund. So gut sie können, packen sie Jimmys hundert Kilogramm schweren Körper. Aber an der Oberfläche bewegt sich Jimmy nicht mehr, er atmet keine Luft ein. Sein Zittern wird immer schwächer. Sein Blasloch hat sich geschlossen. Für immer. Er ist tot.

Die Touristen am Ufer wissen nicht, ob es ein schlechter Witz ist oder die Wirklichkeit. Das ist einfach zu viel. Zu absurd. Zu schlimm. Noch vor einer Stunde hat Jimmy die Kinder mit seiner Flosse nass gespritzt, und Mezaina war ein Paradies. Im Paradies stirbt niemand, das gehört sich nicht. Muhamad ist verschwunden. Der Hausmann, der nie seinen Strand und seine Gäste verlässt, ist weit hinaus in die Wüste gegangen, um zu weinen.

Jimmys Körper wird im Schatten auf einen Teppich gelegt. Seine Haut ist glatt, makellos. Blau und weiß am Bauch. Ramadan sitzt neben ihm. Er weint, und er wartet. Er wartet, dass sein Freund ihn wieder begrüßt, wie am Morgen. Die anderen Kinder laufen umher, vom Riff zum Strand, zu Jimmys Körper, sie wissen nicht, was sie mit ihrem Schmerz anfangen sollen. Ihnen bleiben nur die Graffiti, mit denen sie die Wände der Häuser geschmückt haben, und in den Bergen die schönen Felszeichnungen von Falah und Ramadan, die sich jetzt an der Hand halten, aus Angst, einander zu verlieren.

Jemand hat in der Delphinbucht angerufen, und Maya hat versprochen, so schnell wie möglich zu kommen. Sie hält immer Wort, und in dieser Minute ist sie für die Mezaini die einzige Hoffnung. Aber Hoffnung worauf? Wenigstens zu verstehen, was dem Delphin zugestoßen ist. Muhamad weiß es wohl, er sucht die Stille der Berge, um mit seiner Trauer allein zu sein. Abid'allah aber weiß noch nichts, und man muss seine Rückkehr abwarten, um ihm die furchtbare Nachricht zu überbringen.

Mehrere Stunden später begegnet Maya auf dem Weg ins Dorf Abid'allah in seinem mit Fisch voll geladenen Jeep. Sie bleiben stehen und umarmen sich. An seinem Lächeln erkennt Maya, dass er noch nichts weiß. Sie sagt einfach nur: »Muhamad hat mich anrufen lassen, im Dorf ist etwas passiert.« Abid'allah weiß genau, dass man Maya einzig und allein wegen der Delphine anruft, er erbleicht und stammelt: »Oline, Oline ...« Die beiden Autos holpern hintereinander durch den Staub des Sinai. Der Hochspannungsdraht, der sie verbindet, ist unsichtbar.

Das Dorf gleicht einer halb abgebauten Filmkulisse. Die Leute laufen ziellos umher und flüstern miteinander. Die Sonne ist unerträglich, das vom Meer ausgespuckte Salz abstoßend, alles wirkt schmutzig und unordentlich. Abid'allahs Wutschreie sind bis zum Katharinenkloster zu hören. Er ist überzeugt, dass er es hätte verhindern können. »Ich habe ihn schon einmal durch Mund-zu-Mund-Beatmung gerettet. Das hätte ich wieder getan, ihr hättet mich holen müssen.« Abid'allah weiß natürlich, dass niemand wusste, wo er fischt, und dass in so einer Situation die Zeit drängt, aber seine Traurigkeit wandelt sich sogleich in einen unbeherrschbaren, Furcht erregenden Zorn. Maya hat sich hingekniet, wie geknickt von den Schreien Abid'allahs, der mit wilden Gesten am Strand auf und ab läuft. Sie untersucht Jimmys Körper: »Keine Spur, nichts. Seine Haut ist makellos, er ist nicht verletzt. Sein Blasloch ist normal, seine Flossen auch.« Maya öffnet sein Maul, zählt seine Zähne. »Er war ganz gesund, er hat sich nicht verletzt, ist nicht erstickt, ich habe wirklich keine Ahnung, was passiert ist.« Sie steht auf: »Abid'allah, es tut mir furchtbar Leid.« Abid'allahs Zorn zerbricht mit einem Schlag, wie jene alten, hässlichen Vasen, die man nicht ganz unabsichtlich zu Boden fallen lässt. Er wirft sich in die Arme von Doktor Maya. Tränen durchnässen ihre Hemden.

Maya bleibt bis zum nächsten Tag bei ihren Freunden. Sie will die Ursache für den Tod des kleinen Jimmy wissen. Gemeinsam sitzen sie auf den Kissen unter dem Palmendach von Abid'allahs Restaurant und überlegen laut, stellen Fragen und schweigen. Der Tee in ihren Gläsern ist bitter wie das Leben. Kein Tourist stört ihre Runde. Auch die Kinder halten Abstand, aus Angst vor Abid'allahs Zorn oder aus Respekt vor dem Gespräch der Erwachsenen. Keiner kann sich vorstellen, dass der Delphin einfach so, ohne Grund gestorben sein soll. Muhamad ist am Morgen wieder aufgetaucht, noch immer sehr mitgenommen. Er hat als Einziger eine Erklärung, die Maya allerdings nicht sehr überzeugt. Er erzählt in Zeichensprache, und der kleine Saleh übersetzt ins Hebräische.

»Ich glaube, Jimmy hat sich vergiftet. Ich habe meine Gründe, hört zu. Vor einer Woche hat ein großer schwarzer Rochen Jimmy bedroht. Oline hat ihn sehr energisch vertrieben, aber sie selbst wurde dabei von ihm gestochen. Abid'allah hat selbst den Stachel aus Olines Bauch entfernt.« Abid'allah nickt bestätigend und zeigt eine Länge von 15 Zentimetern. »Ich dachte sogar, sie sei verletzt ... aber *Alhamdoulillah*, es ging ihr gut.« Muhamad fährt fort, er will seine Freunde unbedingt überzeugen: »Olines Milch wurde durch das Gift des Rochens vergiftet, und Jimmy hat mehrmals am Tag davon getrunken, sechs Tage lang, und damit hat er sich vergiftet ...« Nachdenkliches Schweigen legt sich über die Runde, Muhamad scheint die Ursache für Jimmys plötzlichen Tod gefunden zu haben. Um seine Erklärung zu bekräftigen, fügt er hinzu: »Als ich ihn auf dem Meeresgrund gefunden habe, zitterte er am ganzen Körper, und Oline hat nichts getan, um ihn hochzuholen ... als hätte sie verstanden, was los ist. Das ist seltsam.« Maya ist skeptisch: »Vielleicht werden wir nie erfahren, was den Kleinen getötet hat. Ich kann ihm Blut und Gewebe entnehmen, damit sie im Labor in Elat oder bei Oz in Haifa versuchen, die Ursache zu finden ... wenn ihr einverstanden seid.« Schwer wie Blei wird die Stille. Abid'allah steht auf: »Einverstanden, du machst alle Untersuchungen, die du willst, und wir kümmern uns um Oline.« Die anderen schweigen, wenn der *Vater* einverstanden ist, denken sie ... warum dann widersprechen? Alle gehen nach Hause, und Maya nimmt mehrere Proben mit über die Grenze ins Labor. Jimmy wird in der Wüste begraben, nicht weit von der Küste, nicht weit vom Riff, wo er gelebt und alle Menschen bezaubert hat.

An diesem Tag der Trauer lässt das Rote Meer ein weiteres Wunder geschehen: Zwei Delphine nähern sich aus der Ferne dem Ufer und warten vor dem Riff. Vielleicht kommen sie, um Oline zu trösten ... Sie schwimmt langsam zu ihnen, und drei stolze Rückenflossen tauchen ins blaue Wasser. Am Strand mischt sich Staunen in die Traurigkeit: Was machen die beiden gerade heute so nah am Riff?

Die beiden Delphine bleiben drei Tage lang, um Oline zu trösten, vielleicht auch, um sie zu überzeugen – wenngleich vergeblich –, mit ihnen davonzuschwimmen und ihr Delphinleben zu führen ... Vielleicht sind sie auch nur zufällig vorbeigekommen ...

Die Untersuchungen in Elat bleiben ohne Ergebnis. Für die Biologen ist Jimmy wie 25 Prozent seiner Gattung während des ersten Lebensjahres gestorben. Bei menschlichen Säuglingen nennt man das den plötzlichen Kindstod. Aber Muhamad und Ibrahim glauben weiterhin, dass er sich an der Milch seiner Mutter vergiftet hat, die zeitweise durch das Gift des Rochens verseucht war. Für mich als Neuling auf diesem Gebiet klingt diese Begründung sehr plausibel. Vielleicht erklärt sie das Zittern Jimmys, bevor er endgültig zu atmen aufhörte.

Abid'allah ist bei Oline im Wasser, er versucht sie zu trösten, sich zu trösten ... Er will sie füttern, aber selbst wenn er neben ihr schwimmt, lehnt sie die Fische ab. Sie stößt sie alle weg. Abid'allah ist verzweifelt, denn er hat Angst, dass sie dahinsiecht und wieder zu dem abgemagerten Delphin wird, den er drei Jahre zuvor kennen gelernt hat. Sie muss essen. Zärtlichkeiten, aufmunternde Worte, nichts hilft. Abid'allah muss seine Versuche aufgeben. Er ist bereit, ihr eine Trauerzeit zu gewähren. Ein paar Tage, nicht mehr.

Auch am nächsten und an den folgenden Tagen lehnt Oline kategorisch jeden Fisch ab, den Abid'allah ihr bringt. Er ist so verletzt, so verzweifelt, dass er trotz seines Stolzes zugibt, dass er die Hilfe seiner Freunde braucht. Muhamad soll versuchen, Oline zu füttern. Aber Muhamad weiß schon vorher, dass das nichts nützen wird. Er glaubt, dass sie aus Angst nicht frisst, weil für sie die Fische am Tod ihres Kleinen schuld sind. Tintenfische allerdings, die sie selbst kaum fangen kann, weil sie sich am Meeresboden hinter den Steinen verkriechen, nimmt sie an.

Rings um Mezaina wird es bald schwer, noch einen einzigen Tintenfisch zwischen den Felsen im Meer hervorzuziehen. Oline vertilgt so viele, dass das natürliche Gleichgewicht der regionalen Fauna gestört ist. Manchmal bringt Abid'allah welche vom Fischfang mit. Wenn er aber nichts gefangen hat, ist es die Aufgabe der Kinder und manchmal auch der Frauen des Dorfes, die großen Tintenfische von dreißig, vierzig Zentimetern Durchmesser mit der Bohrstange vom Riff zu holen.

Abid'allah erinnert sich an die große Show, die er mit Oline aufführte, bevor sie mit Jimmy schwanger wurde. Wie damals fährt er nun wieder jeden Tag, nachdem er die ungenießbare Tinte aus dem Fisch entfernt hat, mit dem Boot hinaus, stellt sich auf den Bug und reicht Oline ihre Lieblingsspeise. Sie springt wie einst in die Luft, um das Futter zu schnappen. Und wenn Abid'allah es zwischen den Zähnen hält und sie mit einem beeindruckenden Satz seinen Mund erreicht, gleicht ihre Berührung einem Liebeskuss.

Nuweiba Mezaina, September 1997

Ich habe von einem kleinen merkwürdigen Mädchen gehört, das in diesem Sommer zu Besuch war, und frage Abid'allah aus. Er lacht über meine Neugier: »Du willst aber auch alles wissen! Sie heißt Heidi und ist so groß«, er hält seine Hand etwa achtzig Zentimeter über den Boden. »Aber frag Ibrahim, er wird dir alles erzählen! Ich habe noch eine Verabredung …« Im Stillen vollende ich den Satz: … und vor allem keine Geduld, hier zu sitzen und zu erzählen … Ich lasse ihn laufen. Ibrahim setzt sich zu mir, bestellt Tee und erzählt:

»Der August war heiß. Mezaina döste in der Sonne. Heidi war neun Jahre alt und entschlossen, unseren hübschen Strand aus seinem tropischen Dämmern zu reißen. Ich muss sie dir erst einmal beschreiben: Heidi sieht schlecht, sie hört sehr wenig, und sie läuft nicht, sondern bewegt sich nur auf allen vieren, wie Kleinkinder, verstehst du. Sie spricht nicht, und der Speichel läuft ihr aus dem Mund, wenn sie müde ist. Heidi wurde mit einer schweren Behinderung geboren, und kein Arzt bei ihr zu Hause in der Schweiz konnte ihr bisher helfen. Sie verschreiben ihr Medikamente für die Konzentration und schicken sie zu allen möglichen Therapien, aber ihr Zustand verbessert sich nicht.

Heidi und ihre Eltern waren Gäste im Hotel Mekhassen. Sie hatten ein paar Wochen Ferien, und das Mädchen sollte zum ersten Mal im Meer schwimmen. Dabei sollte sie ganz allmählich Oline kennen lernen.

Du kennst ja Abid'allah. Er hat sich nicht um dieses ungewöhnliche Kind gekümmert, war zu beschäftigt mit seinem Kummer und hatte nur Augen für Olines Gesundheit. Diese Touristen haben wie alle auf dem Riff von Mezaina gebadet. Hier!« Ibrahim zeigt auf eine Stelle fünf Meter weiter am Strand.

Heidi hatte einen Schwimmring und war trotz ihrer Unruhe sehr vorsichtig. Die Beduinenkinder waren etwas irritiert von diesem seltsamen Mädchen und sahen ihm neugierig zu. Zuerst hatte Heidi Angst vor ihnen. Allmählich haben sich aber alle an die neue Situation gewöhnt, und ihre Mutter blieb mit Heidi bei den Kindern, die ihre ausgelassenen Spiele wieder aufnahmen.

Heidi reagierte sehr selten und dann nur mit Weinen auf ihre Umgebung, als könnte sie sich über gar nichts freuen. Sie nahm mit niemandem Kontakt auf und sah keinem in die Augen, nicht mal ihrer Mutter. Die Eltern trugen sie mehrmals am Tag ins Meer. Anfänglich hat sie jedesmal ganz fürchterlich geschrien. Das salzige, bewegte Wasser, dieses neue Element, war ihr sehr unangenehm. Dank der Hartnäckigkeit ihrer Eltern hat sie sich aber notgedrungen an die neue Umgebung gewöhnt. Die Beduinen von Mezaina waren sehr geduldig mit diesen ungewöhnlichen Touristen, die mit der Zeit richtig zum Strandalltag dazugehörten.

Nach einer Woche beschloss Heidis Vater, dass es Zeit sei, die Tochter in ihrem Schwimmring weiter ins tiefe Wasser zu bringen, um den Delphin zu treffen. Oline interessierte sich anscheinend sofort für dieses andersartige Kind. Sie tauchte auf und schwamm so nah an Heidi heran, dass sie sie hätte streicheln können. Aber die Kleine hatte ihre Bewegungen nicht gut genug unter Kontrolle, um zu Oline zu gelangen – und hatte sie überhaupt Lust dazu? Einige Beduinen versammelten sich voller Staunen am Ufer. Normalerweise nähert sich Oline nicht so schnell einem Fremden. Die Beduinen waren deshalb überzeugt, dass hier gerade eine seltene Beziehung entstehen würde. Aber da kannten sie Heidi und ihre Schwierigkeiten schlecht.

Am nächsten Tag ging Abid'allah am späten Vormittag ins Wasser, um zu Oline zu schwimmen, sie zu streicheln und sich zu vergewissern, dass sie nicht abgenommen hatte. Von dieser Sorge ist er seit Jimmys Tod richtiggehend besessen. In Begleitung ihrer Mutter paddelte Heidi aufgeregt mit ihrem Schwimmring im Wasser. Oline schwamm um sie herum.

Abid'allah hatte vom Ereignis des Vortages gehört. Er brachte Oline dazu, sich dem Kind so weit zu nähern, dass es sie beinah berühren konnte. Der Delphin lieferte sich dem Mädchen geradezu aus, und die Kleine gab zum ersten Mal Laute von sich. Ob sie mit Oline Kontakt aufnehmen wollte? Waren das Freudenlaute? Niemand weiß es, aber auf jeden Fall hatte sie sich erstmals anders als durch Weinen geäußert. Ihrer Mutter traten Tränen in die Augen.

So brachte jeder Tag seinen Anteil an Freude und Enttäuschungen. Abid'allah war vollkommen überrascht, als Heidi ihn und Oline am nächsten Tag mit Geschrei begrüßte und im Wasser jeden Kontakt, selbst aus der Entfernung, verweigerte. Der Vater erklärte ihm, dass sie sehr viel Zeit brauche, um sich an etwas Neues zu gewöhnen und dass es dabei immer wieder sehr entmutigende Rückschläge gebe. Diese Neuigkeit betrübte alle Freunde am Strand, denn sie alle wollten den Schweizern von ganzem Herzen helfen.

Es war der Morgen des zwanzigsten Tages. Heidi saß vor ihrem Frühstück. Abid'allah wollte ihr guten Tag sagen. Wie alle Mezaini sprach er in einer vereinfachten Version der Zeichensprache zu ihr … Heidi konnte ja kaum hören, außerdem hätte man Schweizerdeutsch mit ihr reden müssen. Sie hatte sich zusammengekauert und war apathisch wie immer. Abid'allah setzte sich mit seinem Kaffee in den Schatten des Palmendachs und plauderte mit Heidis Mutter und anderen Hotelgästen. Plötzlich legte ihm das Mädchen die Hand aufs Knie.

Gewöhnlich waren Heidis Bewegungen ungeschickt und scheinbar ziellos. Aber jetzt drehte sie den Kopf zu Abid'allah, hob die Hand und machte das Zeichen für Delphin, so deutlich, dass kein Zweifel möglich war. Abid'allah war vollkommen gerührt. Er nahm die Kleine hoch, um sie zu umarmen und mit ihr zu Oline zu schwimmen. Unverzüglich. Auch Heidis Mutter war sehr ergriffen. Sie reichte ihm den kleinen Schwimmring, aber Abid'allah wollte nichts zwischen ihr und Oline lassen, nichts als den Anfang einer Verständigung.

Von diesem Tag an hatte Heidi keine Angst mehr vor dem Meer, vor Oline oder vor Abid'allah. Sie hatte von sich aus den Keim einer Beziehung gelegt, zum ersten Mal. Jeden Morgen nahm Abid'allah sie mit ins Wasser, und in der vierten Woche streichelte sie Oline von Abid'allahs Arm aus, sie, die gegenüber niemandem je ein Zeichen von Zuneigung hatte erkennen lassen, die sich für nichts zu interessieren schien. Ihre Eltern durften erleben, wie Heidi durch die Beziehung, die sie zu Oline aufbaute, solche Fortschritte machte, dass sie mit einem glücklichen Lächeln von einem Wunder sprachen …

In den folgenden Tagen richtete sich Heidi immer weiter auf, und schließlich humpelte sie zum Wasser, zu ihrem Delphin. In der Schweiz war sie nur bei ihren Bewegungstherapien gelaufen. Jetzt war der Wille, Oline zu treffen, eine starke Motivation. Sie lernte andere Gesten, die sie ungeschickt mit der Hand nachahmte, und sie konnte sich anders als durch Weinen mit ihren Eltern verständigen – auch wenn das ihr wichtigstes Ausdrucksmittel geblieben ist. Ihre Mutter überlegte, ob sie allein mit dem Kind hier bleiben sollte, um die Fortschritte zu festigen, aber sie mussten dann doch alle in die Schweiz zurückkehren.

Ibrahim beendet seine Erzählung: »Wir werden Heidi und ihre Eltern bestimmt im nächsten Jahr wiedersehen, vielleicht sogar eher! Die Kleine war zu glücklich hier, als dass sie uns vergessen könnten!«

Maya erklärt, dass die Delphine wahrscheinlich nicht direkt therapeutische Fähigkeiten besitzen, jedoch eine Gabe, die Herzen der Menschen im Nu zu gewinnen und ihr Wohlbefinden zu verbessern. »Im Beisein der Delphine zeigen die Menschen oft das Beste von sich«, erklärt Sophie, die in der Delphinbucht das therapeutische

Programm leitet. »Ich habe sehr verschlossene, ewig gestresste Männer gesehen, die sich den Delphinen in Sekunden geöffnet und sich vollkommen gewandelt haben. Natürlich hat zunächst einmal das Meer eine entspannende Wirkung. Dann besitzt der Tümmler dieses verführerische Lächeln, auch wenn wir wissen, dass er es ständig zeigt und dass es nichts über seine Stimmung aussagt. Außerdem fasziniert uns sein Blick. Und seine geschmeidigen, beeindruckenden Bewegungen.« Ich stimme zu: »Delphine sind einfach phantastisch!« Sophie zögert: »Es ist nicht nur das. Der Delphin ist ein wildes Tier. Leider begegnen wir ihm meist in Gefangenschaft, aber trotz allem bleibt er doch immer ein ungezähmtes Wesen. Also begegnen wir in ihm der Natur, von der wir zumeist gar nichts wissen. Ich glaube, das Ganze bekommt dadurch noch eine viel größere Bedeutung, dass der Delphin sich von uns berühren lässt.« Ich schaue sie fragend an, und sie fährt mit einem Lächeln fort: »Die Berührung ist ein sehr wichtiges therapeutisches Moment. Für Delphine ist sie elementar. Sie berühren sich ständig, bei jeder Gelegenheit, und sie lieben es, die Menschen, zu denen sie eine vertraute Beziehung entwickeln, zu berühren und von ihnen berührt zu werden. Dieser Austausch ist eine wunderbare Erfahrung. Seit zwanzig Jahren weiß man, dass bestimmte Frequenzen in den Lauten der Delphine unmittelbar die Endorphinproduktion in unserem Körper auslösen. Diese chemische Substanz führt zu einer leichten Euphorie, zu guter Laune, sie lindert jeden Schmerz. Wenn also Delphine den Menschen helfen, dann spielt das alles dabei eine Rolle!« Jetzt verstehe ich besser, was mit mir geschehen ist, als mich Jimmy ansah. Vielleicht hat er mein Gehirn mit einer Frequenz bombardiert, die die Alphawellen erhöht hat, so dass ich nach kaum einer Minute vollkommen selig war. Dieser Wilde!

Abid'allahs Gedanken sind viel prosaischer. »Natürlich hilft Oline den Menschen! Hier wirst du jeden Tag Zeuge eines neuen Abenteuers.« Er überlegt kurz und fügt dann ernst hinzu: »Weißt du, im letzten Jahr war hier eine Amerikanerin oder Australierin, ich erinnere mich nicht mehr so genau, mit einer Gruppe von Freunden. Sie hatte etwas Angst vor Oline, aber sie wollte sie trotzdem aus der Nähe sehen. Als sie erst einmal mit ihr geschwommen war, wollte sie gar nicht mehr aus dem Wasser herauskommen. Nach ein paar Stunden riefen ihre Freunde sie, damit sie ihre Sachen aus dem Hotel holt und mit ihnen zurückfliegt. Aber sie wollte nichts davon hören. Sie blieb bei Oline. ›Das Flugzeug, das Flugzeug!‹ – die anderen gerieten in Panik. Sie haben sie mit Gewalt aus dem Wasser geholt und ins Taxi gezerrt, im Badeanzug. Wir wussten nicht, ob wir lachen oder weinen sollten ...« Er lächelt: »Da siehst du, wie die Menschen Oline lieben, unglaublich! Nicht nur ich!«

Muhamad fordert Abid'allah auf, mir die Geschichte von dem Italiener zu erzählen. Abid'allah lacht wieder: »Ach ja! Der Italiener! Der hat uns vielleicht Angst eingejagt!« Dann schweigt er, manchmal lässt er sich gern bitten ... »Ich bin mit einer italienischen Familie getaucht. Wir waren im Wasser, und keine Oline war zu sehen! Sie schien verschwunden ... aber du weißt ja, wenn ich mit Freunden im Wasser bin, kommt sie meistens lautlos heran und presst sich an mich. Und so näherte sie sich ganz plötzlich auch dem Familienvater. Er war hypnotisiert, wie vom Blitz getroffen. Nase an Nase mit Oline – er rührte sich nicht mehr, sie auch nicht. Ich hatte solche Angst, er hat sogar aufgehört zu atmen, ich dachte, er hat einen Herzanfall. Ich habe ihn mit dem Kopf aus dem Wasser gehoben, dann habe ich ihn wie ein Paket an Land gezogen, seine Familie hinterher. Er war schwer! Er murmelte unaufhörlich *Delfino ... Delfino ...* Stell dir das vor, so ein Kerl.« Abid'allah bläht seinen flachen Bauch, um ihn nachzuahmen. »Bei ihm ist eine Sicherung durchgeknallt wegen Oline, und ich hatte wirklich Schiss. Er brauchte einen Tag, um sich wieder zu erholen, und seine Frau wollte nicht länger hierbleiben!« Was für ein Clown, dieser Abid'allah! Er spielt uns die Szene vor. Seine Energie, sein Motor, der von morgens bis abends auf vollen Touren läuft. Er ist sehr unterhaltsam, aber manchmal auch anstrengend! Ich denke an seine künftige Frau, wenn er einmal heiraten sollte. Die Arme, was für ein Rhythmus! Er bleibt keinen Moment ruhig sitzen, erledigt zehn Dinge gleichzeitig, arbeitet wie ein Titan, fischt, taucht, verkauft, kauft, spricht, reist ... und er hat noch Zeit für Oline und für seine Freunde ... Er ist der Napoleon von Mezaina geworden!

Nuweiba Mezaina, Januar 1998

Die Kinder rennen von Haus zu Haus, von Hof zu Hof, den ganzen Strand entlang und verbreiten die Neuigkeit: Man hat den alten Mekhassen und Abid'allahs Tante bei den Eltern der kleinen Jamia gesehen, mit dem *Mansaf*, dem zeremoniellen Tablett für Heiratsanträge. Abid'allah selbst ist verschwunden. Er ist vor den Fragen in die Berge geflohen. Er wählt die Wüste, um allein zu sein, denn er ist wie alle Mezaini ganz eng mit dem Sinai und seinen Felsen verbunden. Der Sinai ist für sie alle der einzige friedliche Platz auf dieser Welt.

Abid'allah wird also heiraten, zur großen Überraschung der anderen Dorfbewohner. Sie wundern sich, weil sie vorher keine Gerüchte gehört haben. In Mezaina errät, weiß und verfälscht man alles, noch bevor es geschieht.

Abid'allah ist schon lange alt genug, um eine Frau zu nehmen. Aber für die Männer des Stammes wird es immer schwieriger, ein Mädchen zu finden. Fatma erklärt mir, dass ein Bewerber früher seiner Schönen ein Zelt aus Ziegenhaar, ein paar Töpfe und ein oder zwei Kamele bieten musste. Heute muss es ein richtiges Haus sein, Möbel, Küchengeräte, Fernseher, Herd und sogar eine Waschmaschine. Manche Eltern verlangen zudem noch wie früher den *Mahr* für ihre Tochter, Geld, von dem sie sich Goldschmuck kauft, der dann ihren persönlichen Reichtum ausmacht. Eine Mitgift hat bei den Mezaini einen Wert zwischen 1000 und 4000 Pfund (etwa 700 bis 3000 Mark), das ist für sie ein Vermögen. Die Männer müssen mehrere Jahre sparen, um heiraten zu können, und so gründen sie – wie heutzutage in vielen arabischen Ländern üblich – immer später eine Familie. Das ist ein echtes gesellschaftliches Problem, denn diese Männer sind bereits an ihr Junggesellenleben gewöhnt, und es fällt ihnen immer schwerer, Kompromisse zu schließen, wie sie im Eheleben nötig sind. Außerdem werden sie in all diesen Jahren der Einsamkeit immer verbitterter. Die Gesellschaft der Beduinen ist familiär strukturiert. Die Junggesellen bleiben unter sich und sind ziemlich unglücklich. Muhamad hat mir erzählt, dass er Geld beiseite legt, um eine Frau zu heiraten. Er ist schon vierundzwanzig, und es wird höchste Zeit, dass er eine Familie gründet. Für Jouma ist es noch schwerer, denn er besitzt offensichtlich keinen Heller.

Jamia ist 18 Jahre alt, zart und hübsch. Sie verfügt über jene Selbstsicherheit, die typisch ist für die Frauen von Mezaina. Unter ihrem goldbestickten schwarzen Musselinschleier erahne ich tiefschwarzes, seidiges Haar, das in Wellen bis zu ihren Hüften reicht. Ihre Augen sind mit *Khôl* umrandet, und die vergoldeten Perlen ihres Schmucks entfachen die fröhliche Glut ihres Blicks zu einem lebhaften Feuer. Sie ist sehr stolz, dass sich Abid'allah für sie interessiert, ihr Gesicht strahlt. Zwar wirkt sie zurückhaltend, wie die meisten heiratsfähigen Mädchen, aber in Fatmas Hof zeigt sie bei unseren Gesprächen Humor und Unabhängigkeitsgeist. Abid'allah hat sie nicht zufällig erwählt: Ich glaube, die beiden sind einander ähnlich, und ihre Verbindung verspricht leidenschaftliche Zeiten.

Strand von Mezaina, April 1998

Vor drei Jahren thronte das Haus der Mekhassen einsam mitten auf dem Strand. Heute steht neben dem Häuschen nicht nur die große, geweißte Villa, das Hotel, sondern rings um dieses herum, auf einer Länge von dreißig Metern noch vier kleine Cafés mit dazugehörigen Bungalows.

Die beiden tauben Brüder Ahmed und Darwish, die auch in diesem Jahr wieder keine Fahrerlaubnis erhalten haben und nicht länger arbeitslos sein wollen, haben beschlossen, ihren eigenen *Touristenkomplex* zu errichten, den fünften an diesem Strand: Auf dem Grundstück, das sie von ihrem Vater geerbt haben, bauen sie drei Hütten um eine kleine Baracke, die als Küche und Restaurant dienen soll. Wie bereits die anderen Cafés am Strand wird dieses Bauwerk nach dem Vorbild von Abid'allahs Pionier-Café gestaltet, das sein Bruder heute mit Meisterhand leitet.

Muhamad ist wütend. Seine gehörlosen Freunde schaffen eine neue Konkurrenz, wo es ihm doch so schon schwer genug fällt, seinen Lebensunterhalt zu verdienen. Er fühlt sich verraten.

Als wir im Kerzenlicht gemütlich auf den Teppichen in seinem kleinen Restaurant sitzen, kommentiert er verbittert: »Jede Familie will ein Stück vom Kuchen! Aber wer kümmert sich denn jeden Tag um Oline, seit sie hier ist? Oder als Jimmy klein war, oder wenn in der Delphinbucht angerufen werden muss, um Hilfe oder Rat zu bekommen, oder wer bringt Oline Kunststücke bei? Das macht alles nur Abid'allah, sonst keiner!« Er ist ärgerlich, und ich verstehe ihn, aber auch die Suleiman müssen ein wenig Geld verdienen ... Es ist nicht leicht zu teilen. Vor allem, weil Abid'allah und seine Berühmtheit schon von vornherein einen Großteil der Devisen verschlingen, die in Mezaina zirkulieren. Abid'allah versucht, ihn zu beruhigen: »Jeder hat ein Anrecht auf seinen Teil, wir leben hier als Clan, ein Dutzend Familien, wir können nicht alles behalten, du und ich …« Muhamad stimmt widerwillig zu. Er fühlt sich ein wenig verlassen, denn er glaubt, dass niemand seine tägliche Arbeit anerkennt, dass alle nur Abid'allah sehen. Er hat weder das Temperament noch das Charisma seines Freundes. Aber morgen wird ein besserer Tag. Die Freundschaft mit Abid'allah und Jouma, die Anwesenheit von Oline und die Touristen werden ihn von seinen Sorgen ablenken.

Die Nacht ist sehr schwarz. Beinah wirkt sie greifbar in ihrer Dichte. Ohne Kerze sehe ich kaum die Hand vor Augen. Meine Augen gewöhnen sich allmählich an diese Farbe von Ebenholz. Der zarte und doch starke Mond und seine Armeen von funkelnden Diamanten umgeben uns, so nah, dass man sie fast mit dem Finger berühren könnte. Ich versuche es nicht.

Ein paar Meter entfernt hat sich Abid'allah unter einem Haufen Decken ausgestreckt, neben ihm Jouma, dann Asher. Muhamad wünscht mir mit Zeichen eine gute Nacht. Die Brandung strahlt silbern unter dem fast vollen Mond. Ich lege mich hin, sehr müde von diesem Tag. Meine kleine Schaumgummimatraze wird am Rand von den nächtlichen Fluten gestreichelt, mein Herz von der Brandung gewiegt, die erfüllten Augen schließen sich schwer unter dem sanften Licht der Sterne. Ich träume von der Sage vom goldenen Delphin und von all den mythologischen Göttern, die sich in Delphine verwandeln: von Apoll und Vishnu, von den Göttern der Dogonen in Mali, der Aborigines in Australien und vom Awal-Totem der Kwakiuti-Indianer in Kanada … Ich träume von allen Delphinen der Welt, die Oline verkörpert, sie, die auch in dieser Nacht, nur wenige Meter von meinem Schlafsack entfernt, vor dem friedlichen Strand von Mezaina im Roten Meer schwimmt.

Am Morgen, kaum erwacht, flüstert mir Mayol aus seinem Buch zu: »Auf dem Grund des Selbst ist die Ruhe. Auf dem Grund der Ruhe ist die Liebe. Das haben mich die Delphine gelehrt. Dank ihrer bin ich über mich hinausgewachsen.«

Dieser Morgen ist der Augenblick der Versöhnung. Sobald die Sonne sich zeigt, berufen die Alten eine Versammlung ein. Die Suleiman, Ahmed und sein Vater, der alte Mekhassen, Onkel Ibrahim und sein Gefolgsmann Madane … sie kommen alle zum Tee und zu dieser wichtigen Sitzung. Scheich Ramadan eröffnet die Diskussion und betont, dass »nur eine Einigung heute die Geschlossenheit des Clans innerhalb des Stammes der Mezaini retten kann. Wegen der äußeren Ereignisse beginnen wir, einander ohne wirklichen Grund zu verachten. Das muss ein Ende haben.« Der alte Mekhassen fügt hinzu: »Diese Entwicklung berührt alle Familien gleichermaßen.« Natürlich sind die Mekhassen am stärksten betroffen, denn alle sind sich einig, dass Oline wegen des jüngsten Sohnes Abid'allah in Mezaina bleibt. Die Mekhassen werden am meisten verunglimpft, denn sie verdienen mehr als die anderen am Geschäft mit Oline, dem Geschenk Allahs. Sie werden aber auch am stärksten bewundert, denn ohne sie würden sich weder der Delphin noch die Touristen für ihren Strand interessieren.

Die Diskussion ist weniger erregt als üblich, denn das Problem wiegt zu schwer, als dass sich jemand gehen lassen würde. Madane erinnert an die drei großen Werte der Wüste: Ehre, Ausdauer und Gastfreundschaft. Es kommt nicht in Frage, dass die jahrtausendealte Kultur der Beduinen und die Einheit zwischen den Clans, den Stämmen und den Bruderschaften über die Grenzen dieser Region hinweg wegen ein bisschen Land, wegen eines Delphins, wegen Geld untergraben wird. Alle Weisen sind sich einig, dass man Kompromisse schließen muss. Dieser ernste Tag ist ein guter Tag für die Mezaini, die alle Krisen mit einer beispielhaften Friedfertigkeit lösen.

Nuweiba Mezaina, 18. Juni 1998

Abid'allahs Hochzeit ist ein großes Fest. Ich glaube, es ist die Krönung seines Schicksals. Abid'allah, der junge Ehemann, bald auch Familienvater, wird endgültig zu einer der Säulen seiner Dorfgemeinschaft und in gewisser Weise zu deren Sinnbild. Vergessen ist der kleine zappelige, cholerische Außenseiter, von dem nichts Großes erwartet wurde. Er ist der König des Festes und der König des Dorfes, seine Stimme zählt mehr als die der Alten, die sich wohlwollend vor ihm verneigen. Vor ihm und vor dem vollständig versammelten Clan und vielen ausländischen Gästen wie Asher, Maya und den anderen Freunden aus der Delphinbucht, dem Fotografen Itamar Grinberg, dem Walforscher Oz Goffman … und sogar vor einigen Würdenträgern von anderen Stämmen des Sinai, deren Anwesenheit auf eine Änderung im Status des verbannten Stammes und seiner Gehörlosen schließen lässt … Für Hunderte von Gästen schmoren zehn große Schafe in der

Glut. Die Frauen von zwei Familien haben eine Woche lang gekocht. Der Preis für dieses Fest ist ebenso gewaltig wie die Freude des Brautpaares. Jamia verbirgt nur schlecht ihre liebevollen Blicke, die selbst die Gefühllosesten rühren. Die heiratswilligen Mädchen zeigen sich in roten und gelben Kleidern, halb verborgen hinter ihren schwarzen Tüllschleiern, die bis zu den glänzenden Sandalen herabreichen. Wie es auch im Jemen Sitte ist, haben sie mit dem *Khôl*-Stift wundervolle Blumen auf ihre Hände gemalt. Mit den Augen umarmen sie Jamia, sie küssen sie durch den Musselin und hoffen, dass ihnen eine ebenso schöne und glückliche Verbindung bevorsteht. Freunde und Dorfbewohner haben Tränen in den Augen, als sie den kleinen Abid'allah mit seiner Schönen auf dem geschmückten Kamel davonreiten sehen. Jubel und Beifall begleiten sie und der Segen Olines, deren Rückenflosse man friedlich am Ufer entlang durch das Meer ziehen sieht.

Erster Tag des Ramadan, Freitag, 18. Januar 1999

Oline bringt Ramadan zur Welt, ein männliches, vollkommen gesundes Junges.

Abid'allah ist glücklich. Seine Augen wandern über den wechselhaften Himmel. Über den Strand, der sich unter dem Auf und Ab der Wellen immerfort wandelt. Über das bewegte Meer. Zu Oline, die vor ein paar Jahren hierher kam und geblieben ist, gesegnet von Allah und von den Menschen.

EPILOG

Ich fahre zurück, weit weg von Mezaina, weit weg von seinem roten Felsen und seinem türkisblauen Wasser. Über den Wegen des Sinai und des Negev liegt das Bedauern der Abreise.

Ich denke an Oline, Abid'allah, Mezaina, den Golf von Elat, an die Vision einer neuen, nahen Welt, in der Menschen und Delphine einander in Freiheit achten und für ihre Unterschiede und ihre Gemeinsamkeiten lieben.

Oline und ihr kleiner Ramadan, die Herrscher bei den Mezaini, die zehn Delphine in der Delphinbucht mit ihrer Öffnung zum weiten Meer und, uns noch unbekannt, die vielen, vielen tausend Delphine des Roten Meeres …

Ich habe die Vision einer friedlichen Zukunft in dieser Region, in der alle Kulturen und alle Freunde ohne Grenzen miteinander leben könnten.

DANKSAGUNG

Mein herzlicher Dank gilt all denen, deren Freundschaft mir eine neue Welt eröffnet hat:

Dem ganzen Stamm von Mezaina und besonders Abid'allah und Jamia Mekhassen, Muhamad Atwa, Jouma Aslim, Ahmed, Darwish und Fatma Suleiman, Ibrahim Mekhassen, Saleh, Madane, Ramadan und Falah.

Allen Mitarbeitern der Delphinbucht in Elat *(Dolphin Reef)*, vor allem Maya und Roni Zilber, Nir Avni, Oren Lifschitz, Roberto Donio und Inbal Melamed.

Sophie Donio und ihrem Projekt der Therapie mithilfe von Delphinen.

Dem Labor für die Erforschung des Verhaltens von Delphinen und Frank Veit.

Asher Gal.

Irit Slomka.

Dem Unterwasserobservatorium von Elat.

Oz Goffman, Direktor des Zentrums zur Erforschung und zum Schutz von Meeressäugetieren an der Universität Haifa.

Meinem Freund, dem Fotografen und Unterwasserkameramann Itamar Grinberg.

Schließlich meinen lieben Freunden Tali und Emmanuel Levi und ihren Kindern Shy, Yotam und Itai, ohne die die Arbeit an dem Buch weniger lustig gewesen wäre.